स्वामी विवेकानंद
के
सक्सेस सिद्धांत

स्वामी विवेकानंद
के
सक्सेस सिद्धांत

कुँवर कनक सिंह राव

प्रभात
पेपरबैक्स
www.prabhatbooks.com

प्रकाशक
प्रभात पेपरबैक्स
प्रभात प्रकाशन प्रा. लि. का उपक्रम
4/19 आसफ अली रोड, नई दिल्ली–110002
फोन : 23289777 • हेल्पलाइन नं. : 7827007777
इ–मेल : prabhatbooks@gmail.com ❖ वेब ठिकाना : www.prabhatbooks.com

संस्करण
प्रथम, 2022

SWAMI VIVEKANANDA KE SUCCESS SIDDHANT
by Shri Kunwar Kanak Singh Rao

Published by **PRABHAT PAPERBACKS**
An imprint of Prabhat Prakashan Pvt. Ltd.
4/19 Asaf Ali Road, New Delhi-110002

ISBN 978-93-5521-305-1

अपनी बात

महान् व्यक्तियों ने स्वामी विवेकानंद को भारत की आत्मा को जाग्रत् करनेवाला और भारतीय राष्ट्रवाद के मसीहा के रूप में देखा। धर्म एवं तत्त्वज्ञान के समान भारतीय स्वतंत्रता की प्रेरणा का भी उन्होंने नेतृत्व किया। स्वामी विवेकानंद कहा करते थे, "मैं कोई तत्त्ववेत्ता नहीं हूँ। न तो संत या दार्शनिक ही हूँ। मैं तो गरीब हूँ और गरीबों का अनन्य भक्त हूँ। मैं तो सच्चा महात्मा उसे ही कहूँगा, जिसका हृदय गरीबों के लिए तड़पता हो।"

विवेकानंद सार्वभौमिकता के मसीहा के रूप में उभरे। स्वामी विवेकानंद पहले अंतरराष्ट्रवादी थे, जिन्होंने 'लीग ऑफ नेशंस' के जन्म से भी पहले वर्ष 1897 में अंतरराष्ट्रीय संगठनों की स्थापना की।

उनके अंग्रेज अनुयायी कैप्टन सर्वियर और उनकी पत्नी ने हिमालय में सन् 1899 में मायावती अद्वैत आश्रम खोला। इसे सार्वभौमिक चेतना के अद्वैत दृष्टिकोण के एक अद्वितीय संस्थान के रूप में शुरू किया गया और विवेकानंद के इच्छानुसार, इसे उनके पूर्वी और पश्चिमी अनुयायियों का सम्मेलन केंद्र बनाया गया। विवेकानंद ने बेलूर में एक दृश्य प्रतीक के रूप में सभी प्रमुख धर्मों के वास्तुशास्त्र के समन्वय पर आधारित रामकृष्ण मंदिर के भावी आकार की रूपरेखा भी बनाई, जिसे सन् 1937 में उनके साथी शिष्यों ने पूरा किया।

'योग', 'राजयोग' तथा 'ज्ञानयोग' जैसे ग्रंथों की रचना करके विवेकानंद ने युवा जगत् को एक नई राह दिखाई, जिसका प्रभाव जनमानस पर युगों-युगों तक छाया रहेगा। कन्याकुमारी में निर्मित उनका स्मारक आज भी उनकी महानता की कहानी कह रहा है।

स्वामी विवेकानंद ने न केवल अपने विचारों से, बल्कि अपनी लेखनी

द्वारा भी भारत की परंपरागत विचारधारा को नवीन गति प्रदान की। इसके लिए उन्होंने समाज की धर्म, पाप, पुण्य संबंधी रूढ़िवादी मान्यताओं का स्पष्ट रूप से खंडन किया है। उनके शब्दों में, "हमारे सिद्धांत कितने ही गौरवपूर्ण क्यों न हों, हमारा सांख्य कितने ही सुंदर सूत्रों से क्यों न बँधा हो, हम उसे धर्म नहीं कह सकते, जब तक कि वह पुस्तकों और निर्धारित सिद्धांतों तक ही सीमित हो। इसलिए आज हमें ईश्वर की खोज में अन्यत्र नहीं जाना पड़ता है। भारत का निर्धन, दु:खी तथा शक्तिहीन जनमानस ही वास्तव में भगवान् है।"

स्वामीजी के अनुसार, ऐसा प्रत्येक व्यक्ति देशद्रोही है, जिसकी शिक्षा का भार देशवासियों पर रहा है, किंतु जिसने देशवासियों की लेशमात्र चिंता न की हो।

स्वामीजी तत्कालीन भारतीय संगठन से अत्यंत असंतुष्ट थे। उन्होंने समाज को काल्पनिक विचार जगत् में न रखकर भारतीय लोकमानस की नींव पर खड़ा किया था। उनके अनुसार भारत जैसा देश, जो प्रकृति की देनों से भरपूर है और जिसने सभ्यता तथा संस्कृति द्वारा अन्य देशों का मार्गदर्शन किया है, यह जानकर दु:ख होता है कि मनुष्य को भरपेट भोजन नहीं मिलता।

उन्होंने कहा, "हमारी पतित अवस्था के मूल कारण हैं—अंधविश्वास, अशिक्षा तथा छुआछूत।"

स्वामीजी के शब्दों में, "आओ, मनुष्य बनो। पुरोहितों को ठुकरा दो, जो सदा प्रगति के विरोधी रहे हैं, क्योंकि उनमें सुधार नहीं होगा, जो शताब्दियों तक अंधविश्वास तथा निर्दयतापूर्ण व्यवहार के वातावरण में पले हैं।"

विवेकानंदजी का सपना था कि हम जगद्गुरु की उपाधि से पुन: भारत को गौरवान्वित करें। प्रस्तुत पुस्तक में दिए गए उनके सारभूत विचारों का अनुपालन करके हम न केवल उनके इस स्वप्न को साकार कर सकते हैं, बल्कि स्वयं के जीवन को भी संतुलित कर सकते हैं।

—कुँवर कनक सिंह राव

अपनी बात

1

व्यक्तित्व प्रबंधन

“हम जो बोते हैं, वही काटते हैं। हम स्वयं अपने भाग्य के विधाता हैं। हवा बह रही है, वे जहाज, जिनके पाल खुले हैं, इससे टकराते हैं और अपनी दिशा में आगे बढ़ते हैं, पर जिनके पाल बँधे हैं, हवा को नहीं पकड़ पाते। क्या यह हवा की गलती है?”

स्वामी विवेकानंद के अनुसार दुनिया में व्यक्ति का सबसे बड़ा शिक्षक उसका अनुभव ही होता है, जिसके बल पर वह दुनिया को जीत सकता है, अपना व्यक्तित्व-निर्माण कर सकता है। इसलिए व्यक्ति जब तक जीवित रहे, उसे सीखते रहना चाहिए, तभी वह जीवन में सफलता हासिल कर सकता है।

लोक-व्यवहार के स्तर को ऊँचा बनाना

जब तक जीवन चलता रहता है, शिक्षा भी चलती रहती है, अर्थात् शिक्षा और जीवन साथ-साथ चलते रहते हैं। मानव-स्वभाव में विद्यमान किसी एक ही विशेषता या गुण को चरित्र नहीं कहा जा सकता। यह तो कई सारे गुणों का जटिल संकलन है। दूसरे शब्दों में कहें तो चरित्र कोई अमिश्रित विशुद्ध मूलतत्त्व नहीं है, बल्कि यह कई सारे प्राथमिक गुणों का

एक यौगिक मिश्रण है। हमारे जीवन में सुंदर चरित्र की जो व्यावहारिक उपयोगिता है, उसे दृष्टि में रखा जाए तो इसके प्रत्येक गुण को अपने पुरुषार्थ से संवर्धित करना अत्यंत आवश्यक है। चरित्र-निर्माण समाज से भागकर जंगल चले जाने या एकांत में मौन होकर बैठे रहने से नहीं होता, बल्कि चरित्र के सभी गुणों को संवर्धित करते हुए उन्हें अपने आचरण में उतार लेने से हमारा चरित्र निर्मित हो जाता है। हम लोग समाज के बीच में रहते हुए अन्य मनुष्यों या परिवार के सदस्यों के साथ जिस प्रकार के विशिष्ट सद्व्यवहार का अथवा दुर्व्यवहार का परिचय देते हैं, उससे ही लोगों के समक्ष हमारा संपूर्ण चरित्र उजागर हो जाता है। हमारे संपूर्ण व्यक्तित्व का मुख्य घटक हमारा चरित्र ही है। यदि तुम एक व्यवहार-कुशल मनुष्य बनना चाहते हो तो तुम्हें एक अच्छे चरित्र का स्वामी भी अवश्य बनना होगा। समाज के प्रति तुम्हारा व्यवहार जैसा होगा, उसी से तुम्हारा भाग्य भी निर्धारित होगा। समाज के साथ तुम्हारा व्यवहार जितनी उत्तम कोटि का होगा, उतनी ही उन्नति तुम्हारे जीवन की भी होगी, इसलिए तुम्हें अपने फायदे के लिए ही अपने लोक-व्यवहार के स्तर को ऊँचा बनाए रखने के लिए सदैव सतर्क रहना चाहिए।

> ***हमारे जीवन में सुंदर चरित्र की, जो व्यावहारिक उपयोगिता है, उसे दृष्टि में रखा जाए तो इसके प्रत्येक गुण को अपने पुरुषार्थ से संवर्धित करना अत्यंत आवश्यक है। चरित्र-गठन समाज से भागकर जंगल चले जाने या एकांत में मौन होकर बैठे रहने से नहीं होता''***

लोक-व्यवहार के स्तर को ऊँचा बनाने के लिए वे गुण कौन-कौन से हैं, जिन्हें अपने भीतर विकसित और संवर्धित करने के लिए हमें निरंतर प्रयासरत रहना चाहिए? वे गुण हैं—आत्मश्रद्धा, आत्मविश्वास, आत्मनिर्भरता, आत्मसंयम, साधारण बुद्धि, मन-वचन-कर्म में पवित्रता,

धैर्य, सहनशीलता, अध्यवसाय, दृढ़ संकल्प, स्वयं तथा अन्य के प्रति ईमानदारी, विवेक-प्रयोग तथा उद्द्देश्य के प्रति निष्ठा, भद्रता, सहानुभूति, त्याग करने की शक्ति, सेवापरायणता, नैतिक और शारीरिक साहस और सत्यनिष्ठा आदि, जिन्हें हमें जीवन में धारण कर लेना चाहिए।

ये सभी गुण अंतर्मन या मन की गहरी परतों में धारण किए जानेवाले गुण हैं, अत: मन के ऊपर सदैव सतर्क दृष्टि बनाए रखो। जब कभी तुम्हें अभद्र ढंग से बोलने, विचार करने या व्यवहार करने को बाध्य होना पड़े, उस समय भी शांत रहकर यह देखने की चेष्टा करो कि इस वक्त तुम्हारे मन में जो गुण प्रबल हो रहे हैं, वे सत् हैं या असत्? फिर दृढ़ इच्छाशक्ति का प्रयोग करते हुए केवल सत् गुणों को ही यह अनुमति दो कि वे ही तुम्हारे विचार, वाणी और कर्मों को निर्देशित करें। इसी प्रकार तुम सद्गुणों को विकसित और संवर्धित कर सकते हो। मन को अपवित्र बनाने या नीचे गिरानेवाली किसी भी इच्छा के सामने घुटने मत टेको या उनके साथ कोई समझौता मत करो। यदि अनवरत अपने मन की निगरानी सतर्कतापूर्वक करते रहो और असत् गुणों (क्रोध और असंतोष आदि) को कड़ाई से निकाल बाहर करने के लिए स्वप्रयत्न या पुरुषार्थ करते रहो तो एक सुंदर चरित्र गठित करने में उपयोगी समस्त गुण तुम अर्जित कर लोगे। सजग व्यवहार के फलस्वरूप अच्छी आदतों से अर्जित ये सारे सद्गुण तुम्हारे व्यक्तित्व के स्थायी मानसिक उपादान बन जाएँगे।

ये सभी गुण अंतर्मन या मन की गहरी परतों में धारण किए जानेवाले गुण हैं, अत: मन के ऊपर सदैव सतर्क दृष्टि बनाए रखो। जब कभी तुम्हें अभद्र ढंग से बोलने, विचार करने या व्यवहार करने को बाध्य होना पड़े, उस समय भी शांत रहकर यह देखने की चेष्टा करो कि इस वक्त तुम्हारे मन में जो गुण प्रबल हो रहे हैं, वे सत् हैं या असत्?

व्यक्ति को अपनी आत्मा के अलावा किसी दूसरे व्यक्ति के आगे अपना सिर नहीं झुकाना चाहिए। ऐसा इसलिए, क्योंकि प्रत्येक व्यक्ति खुद इस बात का ज्ञान रखता है कि वह क्या गलत कर रहा है और क्या सही।

वास्तव में व्यक्तित्व-निर्माण मानव जीवन का परम लक्ष्य है। युवा डॉक्टर बनें, इंजीनियर बनें, वकील, प्रोफेसर, आई.ए.एस. अफसर बनें, चाहे राजनेता, अभिनेता, व्यवसायी, धनपति, कलाकार, संगीतकार और वैज्ञानिक-अन्वेषक कुछ भी बनने से पहले पहली आवश्यकता है—पहले सफल मनुष्य बनें, सुसंस्कृत नागरिक बनें। यदि व्यक्ति का व्यक्तित्व बन गया तो समाज में चारों ओर सुगंधि बिखेरेगा। लोग उसके चुंबकीय व्यक्तित्व के पीछे दौड़ेंगे, अन्यथा व्यक्ति में घटियापन होने पर ऊँची डिग्री, धन, पद-प्रतिष्ठा भी घातक सिद्ध होंगी।

ऐसे उदाहरणों से समाज भरा पड़ा है। यह ज्ञान वे समझ रहे हैं कि हमें विकास किस ओर करना है, निर्माण किस पक्ष का करना है, ताकि लक्ष्य स्पष्ट रहे। पहले व्यक्तित्ववान और चरित्रवान बनना है।

ऐसे उदाहरणों से समाज भरा पड़ा है। यह ज्ञान वे समझ रहे हैं कि हमें विकास किस ओर करना है, निर्माण किस पक्ष का करना है, ताकि लक्ष्य स्पष्ट रहे। पहले व्यक्तित्ववान और चरित्रवान बनना है। यह मुख्य लक्ष्य है। उसके साथ हम अपने निर्धारित उपलक्ष्य के अनुसार जो बन जाएँ, उत्तम है। यों तो सभी मनुष्य अपनी शारीरिक संरचना के आधार पर समान होते हैं। उनकी विशेषताओं के आधार पर उनमें बहुत अंतर होता है। मनुष्य की जीवन-शैली, जीवन के प्रति उनका नजरिया और उनकी रुचियों व गतिविधियों के आधार पर उनके स्तर की पहचान होती है।

ऐसे मनुष्य, जो समाज को अपने जीवन का एक अभिन्न अंग मानकर समाज के हित में अपना हित समझते हैं, जो अपने लिए तो जीते हैं, लेकिन अपने समय, साधन, प्रतिभा व ज्ञान का एक अंश औरों के

लिए भी लगाते हैं। देश, धर्म, समाज और संस्कृति के लिए भी उनका चिंतन होता है, उन्हें परोपकार प्रिय होता है।

देवमानव वे महान् आत्माएँ हैं, जिनकी हर श्वास, संपूर्ण जीवन औरों के लिए होता है। औरों के लिए जो जीता है, औरों के लिए जो मरता है, उसका हर आँसू रामायण, प्रत्येक कर्म ही गीता है, की पंक्तियों को जो चरितार्थ करता है, वे हर क्षण समाज के लिए ही समर्पित जीवन जीते हैं, मरते भी औरों के लिए ही हैं। जो देश, धर्म, समाज और संस्कृति के लिए अपना जीवन उत्सर्ग कर देते हैं। (जैसे—जटायु की भाँति; गांधी, विनोबा और विवेकानंद की भाँति जीवन) मनुष्य शरीरधारी प्राण में इन विभिन्न चरणों में होनेवाला विकास उनके विचारों व भावों का ही विकास है। हमारी गौरवशाली भारतीय संस्कृति में 'वसुधैव कुटुम्बकम्' का आदर्श है, जो संपूर्ण विश्व वसुधा को अपना परिवार मानती है। हमें जानना चाहिए कि हम ऋषियों की संतान हैं, हमारी संस्कृति संस्कार-प्रधान है। भारतीय संस्कृति में चेतना के विकास को महत्ता दी गई है। इसी मापदंड के आधार पर व्यक्तित्व का, जीवन का निर्माण हो, न कि व्यक्तिगत रुचि एवं भौतिक उपलब्धियों को व्यक्तित्व का मापदंड माना जाए। इसके लिए महापुरुषों को, सिद्धांतों को जीनेवाले सफल व्यक्तियों को अपना रोल मॉडल बनाएँ। शॉर्टकट रास्ता अपनानेवाले आधुनिक लोगों को नहीं।

> ***देवमानव वे महान् आत्माएँ हैं, जिनकी हर श्वास, संपूर्ण जीवन औरों के लिए होता है। औरों के लिए जो जीता है, औरों के लिए जो मरता है, उसका हर आँसू रामायण, प्रत्येक कर्म ही गीता है, की पंक्तियों को जो चरितार्थ करता है, वे हर क्षण समाज के लिए ही समर्पित जीवन जीते हैं, मरते भी औरों के लिए ही हैं।***

व्यक्तित्व विकास

व्यक्तित्व में दो शब्द हैं—व्यक्त और तत्त्व। जो व्यक्ति के प्रत्यक्षत: सामने न होने पर भी प्रभावित करता है, वह उसका व्यक्तित्व है। आपने प्राय: लोगों को यह कहते सुना होगा कि अमुक व्यक्ति देवता जैसा है, शानदार व्यक्तित्व है; अमुक व्यक्ति बहुत अहंकारी है, गांधीजी महान् व्यक्तित्व के धनी थे आदि। ये सभी टिप्पणी व्यक्ति के व्यक्तित्व के अलग-अलग पक्षों की ओर संकेत करती हैं।

व्यक्तित्व दो प्रकार के होते हैं—बाह्य और आंतरिक। व्यक्तित्व वंशानुक्रम पर आधारित जन्मजात नहीं होता, बल्कि उसे बनाया जाता है।

यह स्थूल शरीर से संबंध रखता है। व्यक्ति का बाहरी रूप, रंग, कद, स्वास्थ्य, आहार-विहार, आदतें, बातचीत करने का तरीका, व्यवहार और वेश विन्यास आदि सम्मिलित रूप से किसी व्यक्ति के बाह्य व्यक्तित्व को बनाते हैं।

बाह्य व्यक्तित्व

यह स्थूल शरीर से संबंध रखता है। व्यक्ति का बाहरी रूप, रंग, कद, स्वास्थ्य, आहार-विहार, आदतें, बातचीत करने का तरीका, व्यवहार और वेश विन्यास आदि सम्मिलित रूप से किसी व्यक्ति के बाह्य व्यक्तित्व को बनाते हैं।

आंतरिक व्यक्तित्व

यह व्यक्ति के सूक्ष्म और कारण शरीर से संबंध रखता है। व्यक्ति का चिंतन, विचार, स्वभाव, चरित्र, संस्कार, लोभ, मोह, अहंकारजनित समस्त भावनाएँ, श्रद्धा और संवेदना आदि सभी प्रकार के सकारात्मक और नकारात्मक तत्त्वों से व्यक्ति का आंतरिक व्यक्तित्व बनता है।

आंतरिक व्यक्तित्व ही वास्तव में व्यक्ति का वास्तविक व्यक्तित्व होता है, क्योंकि उसी की परछाईं बाह्य व्यक्तित्व में झलकती है। इसी

आधार पर व्यक्ति स्वस्थ, सुंदर, सेवा, सहकारिता, आत्मविश्वास संपन्न, परोपकारी और उच्च आदर्श से संपन्न या इसके विपरीत होता है।

चिंतन

जो व्यक्ति जैसा सोचता और करता है, वह वैसा ही बन जाता है। निश्चित रूप से व्यक्ति का चिंतन ही है, जो व्यक्तित्व को ऊपर उठाता है या नीचे गिराता है। सकारात्मक चिंतन एक ऐसी औषधि है, जिसके सेवन से व्यक्ति को चिकित्सक के पास जाने की आवश्यकता नहीं पड़ती। चिंतन के आधार पर ही उसके कर्म बनते हैं। आंतरिक व्यक्तित्व गढ़ने, परिष्कृत करने हेतु श्रेष्ठ और सकारात्मक विचारों को ग्रहण करना, श्रेष्ठ साहित्य को पढ़ना, श्रेष्ठ संगति करना तथा कुसंग से बचना व गलत विचारों को क्रियान्वित होने से रोकना होता है। अंतरंग की शुद्धि व परिष्कार से व्यक्ति का आमूलचूल परिवर्तन हो जाता है। वह रत्नाकर डाकू से महर्षि वाल्मीकि बन जाता है अंगुलिमाल व आम्रपाली—सेवा व्रतधारी भिक्षुक/भिक्षुणियों में रूपांतरित हो जाते हैं।

> ***जो व्यक्ति जैसा सोचता और करता है, वह वैसा ही बन जाता है। निश्चित रूप से व्यक्ति का चिंतन ही है, जो व्यक्तित्व को ऊपर उठाता है या नीचे गिराता है। सकारात्मक चिंतन एक ऐसी औषधि है, जिसके सेवन से व्यक्ति को चिकित्सक के पास जाने की आवश्यकता नहीं पड़ती। चिंतन के आधार पर ही उसके कर्म बनते हैं।***

व्यक्ति चिंतन के आधार पर कर्म करता है और लंबे समय तक किया जानेवाला कार्य आदत के रूप में स्थापित हो जाता है। आदतें अच्छी भी हो सकती हैं और बुरी भी। यह व्यक्ति पर निर्भर करता है कि वह कैसी आदत बनाना चाहता है, क्योंकि आदतें हमारे व्यक्तित्व की पहचान कराती हैं। ऐसी आदतें, जिनसे किसी को परेशानी हो रही हो,

जिनसे फिजूलखर्ची झलकती हो; ऐसी आदतें, जिससे चरित्र पर असर पड़ता हो, बचकर रहना चाहिए। जैसे—देर रात सोना, सुबह देर में जागना, देर में भोजन करना, बड़ों का सम्मान नहीं करना और बात-बात में गाली देना, ये छोटी-छोटी आदतें ही आपके व्यक्तित्व को निखारने में बाधक होती हैं, अतः यदि आप अपना व्यक्तित्व अच्छा बनाना चाहते हैं तो इन छोटी आदतों से अपने को अच्छा बनाने का प्रयास कीजिए, धीरे-धीरे आपके व्यक्तित्व में निखार आता जाता है।

कोई आदत जब जीवन का अंग बन जाती है तो वह हमारे स्वभाव के रूप में परिणत हो जाती है। जैसे—किसी व्यक्ति की बोली बड़ी कर्कश एवं व्यवहार रूखा होता है तो कुछ की बोली बड़ी मधुर एवं विनम्र होती है, यह उनका स्वभाव है। कुछ व्यक्ति बड़े शालीन होते हैं तो कुछ उद्दंड।

कोई आदत जब जीवन का अंग बन जाती है तो वह हमारे स्वभाव के रूप में परिणत हो जाती है। जैसे—किसी व्यक्ति की बोली बड़ी कर्कश एवं व्यवहार रूखा होता है तो कुछ की बोली बड़ी मधुर एवं विनम्र होती है, यह उनका स्वभाव है। कुछ व्यक्ति बड़े शालीन होते हैं तो कुछ उद्दंड। इस प्रकार व्यक्ति के व्यवहार से उसके स्वभाव का पता चलता है। यदि आप अपने व्यक्तित्व को अच्छा बनाना चाहते हैं तो जरूरी है कि आपको शालीनता, शिष्टता एवं मधुरता को अपने स्वभाव का अंग बना लेना चाहिए।

संस्कार और चरित्र

स्वभाव जब व्यक्ति के भीतर जड़ जमा लेता है और वह हटने का नाम ही नहीं लेता, उसे 'संस्कार' कहते हैं। संस्कार अच्छा भी होता है और बुरा भी। सर्वविदित है कि बुरे संस्कार से किसी का अच्छा व्यक्तित्व नहीं बन सकता। अतः व्यक्तित्व-निर्माण करना है तो अच्छे संस्कारों की

परंपरा हमें डालनी ही पड़ेगी। अच्छे संस्कार के लिए अच्छे व्यक्तियों का सत्संग एवं अच्छे साहित्य का अध्ययन आवश्यक है। जैसे—यदि छोटे बच्चे को अपने से बड़ों को प्रतिदिन प्रणाम करने की आदत डाल दी जाए तो यह बच्चे में संस्कार के रूप में स्थायी हो जाएगी।

और व्यक्ति का जैसा संस्कार रहता है, वैसा ही उसका चरित्र बन जाता है। जैसा चरित्र बनेगा, वैसा ही व्यक्तित्व बनेगा, अर्थात् चरित्र-निर्माण ही व्यक्तित्व-निर्माण है। कहा गया है—'धन गया तो कुछ गया, स्वास्थ्य गया तो बहुत-कुछ गया, चरित्र गया तो समझो कि सबकुछ चला गया।'

और व्यक्ति का जैसा संस्कार रहता है, वैसा ही उसका चरित्र बन जाता है। जैसा चरित्र बनेगा, वैसा ही व्यक्तित्व बनेगा, अर्थात् चरित्र-निर्माण ही व्यक्तित्व-निर्माण है। कहा गया है—'धन गया तो कुछ गया, स्वास्थ्य गया तो बहुत-कुछ गया, चरित्र गया तो समझो कि सबकुछ चला गया।'

आंतरिक व्यक्तित्व चिंतन, चरित्र व विचार से बनता है। चरित्र सर्वश्रेष्ठ संपदा है। चरित्रवान अपनी विश्वसनीय छवि के कारण समाज में सर्वत्र श्रद्धा का पात्र बन जाता है। चरित्र की रचना संस्कारों से एवं संस्कारों की रचना विचारों से होती है। आदर्श चरित्र के लिए आदर्श विचारों को ही ग्रहण करना होता है।

व्यक्ति के भीतर संवेदना जाग्रत् होने से सेवा का भाव पैदा होता है और सेवा का भाव व्यक्ति के व्यक्तित्व को निखारता है।

हम प्रकृति-प्रदत्त रूप-रंग, कद-काठी में फेरबदल किए बिना ही अपने व्यक्तित्व को आकर्षक, प्रभावशाली व गरिमामय बना सकते हैं। इन पक्षों पर विचार करें।

स्वास्थ्य

व्यक्ति काला हो या गोरा हो, नाटा हो तथा लंबा हो, जैसा भी हो, परंतु स्वस्थ होना चाहिए। 'शरीर माद्यं खलु धर्म साधनम्।' स्वास्थ्य को बेहतर बनाने, शानदार शरीर सौष्ठव के निर्माण के लिए नियमित व्यायाम तथा आहार (भोजन व खानपान संबंधी नियम) और विहार (दिनचर्या) सहित संयमित जीवन जीना चाहिए। शरीर के स्वास्थ्य के बिना जीवन में कोई उपलब्धि नहीं हो सकती। शरीर से कमजोर या बीमार व्यक्ति का न कोई भविष्य होता है, न व्यक्तित्व। उसका मनोबल भी गिर जाता है। स्वामी विवेकानंद का भौतिक शरीर सौष्ठव हमें इस बात की प्रेरणा देता है। युवा इन्हें अपना रोल मॉडल बना लें तो क्रांति आ जाए।

व्यक्ति काला हो या गोरा हो, नाटा हो तथा लंबा हो, जैसा भी हो, परंतु स्वस्थ होना चाहिए। 'शरीर माद्यं खलु धर्म साधनम्।' स्वास्थ्य को बेहतर बनाने, शानदार शरीर सौष्ठव के निर्माण के लिए नियमित व्यायाम तथा आहार (भोजन व खानपान संबंधी नियम) और विहार (दिनचर्या) सहित संयमित जीवन जीना चाहिए।

वेशभूषा

किसी भी व्यक्ति की छवि को सर्वप्रथम उसके पहनावे से आँका जाता है। सादा जीवन उच्च विचार मात्र सिद्धांत की बात नहीं है। ऐसा व्यक्ति जन श्रद्धा का आधार भी बन जाता है, स्वयं भी संतुष्ट और प्रसन्न होता है। परिधान और वेशभूषा व्यक्तित्व ही नहीं, बल्कि हमारी संस्कृति का भी परिचायक हैं।

केवल बाहरी दिखावे से व्यक्तित्व नहीं बनता, आंतरिक प्रसन्नता चाहिए। बाहरी दिखावा करनेवालों के लिए एक शायर ने कहा है—

दिखता तो ताजमहल है, पर भीतर कब्रिस्तान है। भारतीय वेशभूषा खादी सूती, धोती-कुरता और पाजामा, गांधीजी की वेशभूषा व सादगी भरा पहनावा गौरवशाली व्यक्तित्व बनाते हैं।

वाणी

किसी व्यक्ति की पहचान उसकी वाणी से होती है। वाणी व्यक्ति के अंतर्मन में पल रहे विकारों को व्यक्त करती है। यह वाणी ही आगे कर्मों का रूप लेती है, जिसका परिणाम अच्छे या बुरे कर्मों के फल के रूप में मिलता है। वाणी का प्रभाव ही है, जो किसी को शत्रु तो किसी को मित्र बना लेता है। वाणी किसी को ताज पहनाती है तो किसी को तख्त पर चढ़ाती है। इसलिए कहा गया है। 'मीठी बोली बोल, यह सेवा है अनमोल।' बोलना एक कला है।

> ***किसी व्यक्ति की पहचान उसकी वाणी से होती है। वाणी व्यक्ति के अंतर्मन में पल रहे विकारों को व्यक्त करती है। यह वाणी ही आगे कर्मों का रूप लेती है, जिसका परिणाम अच्छे या बुरे कर्मों के फल के रूप में मिलता है।***

वाणी कैसी हो ? संभाषण के गुण हैं—वाणी सत्य, सरल तथा शालीन। बुद्धिमान व्यक्ति बोलने से पहले सोचते हैं, नासमझ व्यक्ति बोलने के बाद सोचते हैं, फिर पछताते हैं। वाणी के आधार पर व्यक्ति के सरल, सहज या अहंकारपूर्ण व्यक्तित्व की पहचान होती है।

हमारे बोल कैसे हों ? कम बोलें, धीरे और समझाकर स्पष्ट बोलें, मीठा बोलें, सरल बोलें, उपयुक्त अवसर देखकर बोलें तथा हितकर व कल्याणकारी बोलें। संत तुलसीदासजी कहते हैं—

तुलसी मीठे वचन से, सुख उपजत चहुँओर।
वशीकरण यह मंत्र है, तज दे वचन कठोर॥

मृदु वचनों से कटुता दूर हो जाती है। मृदु एवं हितकारी वाणी स्वयं

को एवं दूसरों को शीतलता प्रदान करती है। 'ऐसी वाणी बोलिए, मन का आपा खोय। औरन को शीतल करे, आपहुँ शीतल होय।' सत्य बोलें, प्रिय बोलें। अप्रिय सत्य न बोलें, प्रिय असत्य न बोलें।

हँसी-मजाक में भी वाणी की शालीनता बनी रहे। अशुद्ध, अश्लील, अपशब्दों, व्यंग्य, अपमानजनक शब्दों का प्रयोग न हो। झिड़ककर न बोलें, जोर-जोर से चिल्लाकर न बोलें। यदि अपनी दिनचर्या में से अपनी बड़ाई एवं दूसरों की निंदा-चुगली के शब्दों को निकाल दिया जाए तो बोलने के लिए बहुत कम रह जाता है। इससे सज्जन, शालीन और गंभीर प्रभावी व्यक्तित्व की छवि बनती है।

हँसी-मजाक में भी वाणी की शालीनता बनी रहे। अशुद्ध, अश्लील, अपशब्दों, व्यंग्य, अपमानजनक शब्दों का प्रयोग न हो। झिड़ककर न बोलें, जोर-जोर से चिल्लाकर न बोलें। यदि अपनी दिनचर्या में से अपनी बड़ाई एवं दूसरों की निंदा-चुगली के शब्दों को निकाल दिया जाए तो बोलने के लिए बहुत कम रह जाता है।

सद्व्यवहार

हमारा व्यवहार हमें समाज से, औरों से जोड़ने का साधन है। आप बुद्धिमान हैं, विद्वान् हैं, धनवान हैं, ऊँचे पद पर प्रतिष्ठित भी हैं, परंतु यदि हमारे पास-पड़ोस के संपर्क क्षेत्र में हमारा व्यवहार सही नहीं है तो हमें उनकी ओर से गर्व, फूहड़, धोखेबाज, बदतमीज, कृतघ्न और अहसानफरामोश आदि उपाधियाँ दे दी जाएँगी। वास्तव में, व्यक्ति का व्यवहार उसके व्यक्तित्व की कसौटी है। व्यवहार संबंधी सूत्र है—दूसरों से वह व्यवहार न करें, जो हमें अपने लिए पसंद नहीं।

- गलती पर क्षमा करें, विवाद हो तो मौन हो जाएँ (क्षमा वीरस्य भूषणम्)। दूसरों के मामले में अनावश्यक हस्तक्षेप न करें।

- किसी के जन्मदिवस, सफलता या खुशी के अवसर पर उसे बधाई देना न भूलें। दु:ख की घड़ी में उन्हें ढाढ़स जरूर बँधाएँ।
- किसी से कुछ लिया हो तो उसे समय पर वापस करें। उपकार के लिए कृतज्ञता अर्पित करें। नैतिकता का ध्यान रखें। सामाजिक मर्यादाओं एवं वर्जनाओं के अनुरूप हमारा व्यवहार हो।
- जो पाना चाहते हैं, उसे देना सीखें। सहयोग दें, सहयोग लें।
- सलाह लें, सम्मान दें और सुख बाँटें, दु:ख बँटाएँ। हमारी कमी यह है कि सलाह भी हम दें और सम्मान भी हम ही पाएँ।
- दूसरों का छिद्रान्वेषण न करें, सद्गुणों को देखें, उसे धारण करें। अपने से बड़ों का सम्मान करें, छोटों की उपेक्षा नहीं, बल्कि उन्हें स्नेह दें, उनसे पहल कर बात करें, उन्हें आगे बढ़ाएँ, मिलनसार प्रवृत्ति बनाएँ, दूसरों में रुचि लें।

दूसरों का छिद्रान्वेषण न करें, सद्गुणों को देखें, उसे धारण करें। अपने से बड़ों का सम्मान करें, छोटों की उपेक्षा नहीं, बल्कि उन्हें स्नेह दें, उनसे पहल कर बात करें, उन्हें आगे बढ़ाएँ, मिलनसार प्रवृत्ति बनाएँ, दूसरों में रुचि लें।

- बातचीत में शिष्टाचार व अभिवादन का ध्यान रखें। उचित संबोधन देकर बात करें। मुसकराकर, विनम्रतापूर्वक और सहज ढंग से बात करें। अहंकार न झलके, सहज बने रहें।
- शेखी न बघारें, कथनी व करनी में अंतर न रखें, ऐसे लोगों की बहुत ही जल्दी कलई खुल जाती है।
- अपने आप को, अपने कार्यों को, शिक्षा को तथा उपलब्धियों को बड़ा न मानें, अपनी जिम्मेदारी को बड़ा मानें और निभाएँ।
- व्यवहारकुशल व्यक्ति की छवि समाज में विश्वसनीय, प्रामाणिक, प्रेमास्पद तथा सम्माननीय की होती है।

आंतरिक व्यक्तित्व चिंतन, चरित्र व विचार से बनता है। चरित्र सर्वश्रेष्ठ संपदा है। चरित्रवान अपनी विश्वसनीय छवि के कारण समाज में सर्वत्र श्रद्धा का पात्र बन जाता है। चरित्र की रचना संस्कारों से एवं संस्कारों की रचना विचारों से होती है। आदर्श चरित्र के लिए आदर्श विचारों को ही ग्रहण करना होता है।

जो जैसा सोचता और करता है, वह वैसा ही बन जाता है। चिंतन से चरित्र बनता है, चरित्र के अनुसार ही व्यक्ति का व्यवहार संचालित होता है। आंतरिक व्यक्तित्व गढ़ने, परिष्कृत करने हेतु श्रेष्ठ सकारात्मक विचारों को ग्रहण करना, श्रेष्ठ साहित्य पढ़ना, श्रेष्ठ संगति करना, कुसंग से बचना व गलत विचारों को क्रियान्वित होने से रोकना होता है। अंतरंग की शुद्धि व परिष्कार से व्यक्ति आमूलचूल परिवर्तित हो जाता है।

व्यक्तित्व-निर्माण आपकी मर्जी पर निर्भर करता है। व्यक्ति का व्यक्तित्व ही है, जिससे लोग इस जीवन में ही नहीं, बल्कि जीवन के बाद भी हमेशा स्मरण करते हैं। बिना व्यक्तित्व के व्यक्ति खोखला है। जीवन में सम्मान-असम्मान, सफलता-असफलता सबकुछ आपके व्यक्तित्व पर ही निर्भर करता है।

व्यक्तित्व-निर्माण

व्यक्तित्व-निर्माण आपकी मर्जी पर निर्भर करता है। व्यक्ति का व्यक्तित्व ही है, जिससे लोग इस जीवन में ही नहीं, बल्कि जीवन के बाद भी हमेशा स्मरण करते हैं। बिना व्यक्तित्व के व्यक्ति खोखला है। जीवन में सम्मान-असम्मान, सफलता-असफलता सबकुछ आपके व्यक्तित्व पर ही निर्भर करता है। आप मेहनत करके डॉक्टर, इंजीनियर, वैज्ञानिक, कलाकार आदि कुछ भी बन सकते हैं, इससे आपको खूब धन भी मिलेगा, लेकिन आपका व्यक्तित्व ठीक नहीं है तो आपको इज्जत कहीं नहीं मिलेगी। अतः जितनी मेहनत हम भौतिक जगत् के उच्च सोपानों को

प्राप्त करने के लिए करते हैं, कुछ मेहनत तो अपने व्यक्तित्व-निर्माण के लिए भी करनी पड़ेगी, क्योंकि जिस तरह डॉक्टर-इंजीनियर बनने के लिए आपको ही मेहनत करनी पड़ती है, उसी तरह व्यक्तित्व-निर्माण आपके अलावा दूसरा कोई नहीं कर सकता। न आपके माता-पिता, न गुरु और न ही आपका ईश्वर। हाँ, यदि आप व्यक्तित्व-निर्माण की दिशा में चल पड़े हैं तो ये सभी आपकी मदद जरूर करेंगे।

अतः आपका व्यक्तित्व-निर्माण आपकी मर्जी पर निर्भर करता है कि आप क्या चाहते हैं। समग्र व्यक्तित्व-निर्माण हेतु आंतरिक उत्थान एवं उत्कर्ष के चार आधार हैं, चार सूत्र हैं, जिन पर हमारी आत्मिक उन्नति टिकी हुई है—साधना, स्वाध्याय, संयम और सेवा। इनमें से एक भी ऐसा नहीं है, जिसे आत्मोत्कर्ष के लिए छोड़ा जा सके। ये चारों आपस में घनिष्ठ रूप से जुड़े हुए हैं, जैसे—बीज, जमीन, खाद और पानी। इन चारों के मिलने से ही कृषि संभव है। जैसे मकान बनाना हो तो उसके लिए ईंट, चूना, लोहा और लकड़ी—चारों चीजों की जरूरत है। इनमें से एक भी कम रहा तो इमारत नहीं बन सकती। ठीक इसी प्रकार से आत्मोत्कर्ष के लिए साधन, स्वाध्याय, संयम और सेवा इन चारों का होना अनिवार्य है, अन्यथा व्यक्तित्व-निर्माण का उद्‌देश्य पूरा नहीं हो सकेगा। पहला सूत्र है—साधना।

अतः आपका व्यक्तित्व-निर्माण आपकी मर्जी पर निर्भर करता है कि आप क्या चाहते हैं। समग्र व्यक्तित्व-निर्माण हेतु आंतरिक उत्थान एवं उत्कर्ष के चार आधार हैं, चार सूत्र हैं, जिन पर हमारी आत्मिक उन्नति टिकी हुई है—साधना, स्वाध्याय, संयम और सेवा। इनमें से एक भी ऐसा नहीं है, जिसे आत्मोत्कर्ष के लिए छोड़ा जा सके।

साधना

इसके दो रूप हैं—(1) उपासना और (2) जीवन साधना। इन दोनों को मिलाकर एक पूरी चीज बनती है।

1. उपासना

> ***ईश्वर की समीपता। ईश्वर के नजदीक बैठना। इसका अर्थ हुआ, ईश्वर की विशेषताएँ हम अपने जीवन में धारण करें। जैसे आग के पास बैठने से गरमी, बर्फ के पास बैठने से ठंडक मिलती है, वैसे ही उपासना द्वारा ईश्वर के समीप बैठकर उनकी विशेषता, अर्थात् उनकी ऊर्जा, शक्ति, प्राण और ज्ञान, उनकी इच्छा को हम आत्मसात् करते हैं।***

अर्थात् ईश्वर पर विश्वास। ईश्वर की समीपता। ईश्वर के नजदीक बैठना। इसका अर्थ हुआ, ईश्वर की विशेषताएँ हम अपने जीवन में धारण करें। जैसे आग के पास बैठने से गरमी, बर्फ के पास बैठने से ठंडक मिलती है, वैसे ही उपासना द्वारा ईश्वर के समीप बैठकर उनकी विशेषता, अर्थात् उनकी ऊर्जा, शक्ति, प्राण और ज्ञान, उनकी इच्छा को हम आत्मसात् करते हैं। उनकी चेतना से एकाकार होने तथा उनके समान बनने की प्रक्रिया ही उपासना है। जैसे गाड़ी को चलाने के लिए पेट्रोल चाहिए, वैसे ही अपने शरीर, मन व जीवन को सही दिशा में गतिशील बनाए रखने हेतु जिस ऊर्जा की जरूरत पड़ती है, उसकी आपूर्ति नियमित उपासना द्वारा होती रहती है। नियमित उपासना से जीवन साधना सही चलती है।

उपासना कैसे करें

- नित्य प्रात: जागरण के समय आत्मबोध एवं रात्रि शयन पूर्व तत्त्वबोध की साधना बिस्तर पर ही संपन्न करें तथा ईश्वर द्वारा

हमारे ऊपर किए गए उपकार व सुविधाओं के लिए धन्यवाद करें।

- ईश्वर के समदर्श, न्यायकारी व सर्वव्यापी रूप को बारंबार स्मरण करते हुए यह विश्वास गहराई तक जमा लें कि वह हमारे प्रत्येक कार्यों एवं भावनाओं को ध्यानपूर्वक देखता है।
- शौच स्नानादि से निवृत्त होकर नित्य कम-से-कम 108 मंत्र, अर्थात् एक माला (5-6 मिनट) किसी मंत्र का जाप कर लेना चाहिए।
- श्रद्धा और विश्वास के आधार पर उपासना बलवती और फलवती होती है, स्वाध्याय से उपासना में मन लगता है। उपासना से सामान्य मनुष्य में भी देवत्व की अभिवृद्धि होती जाती है।

साधना का अर्थ है—अपने गुण, कर्म, स्वभाव को साध लेना। वस्तुतः मनुष्य चौरासी लाख योनियों में घूमते-घूमते उन सारे प्राणियों के कुसंस्कारों को अपने भीतर इकट्ठा कर लेता है, जो मनुष्य जीवन में अनावश्यक ही नहीं, बल्कि हानिकारक भी हैं, तो भी स्वभाव के अंग बन गए हैं, जिसके कारण हम मानव होकर भी पशु प्रवृत्तियों से प्रेरित व संचालित होते रहते हैं।

2. जीवन साधना

साधना का अर्थ है—अपने गुण, कर्म, स्वभाव को साध लेना। वस्तुतः मनुष्य चौरासी लाख योनियों में घूमते-घूमते उन सारे प्राणियों के कुसंस्कारों को अपने भीतर इकट्ठा कर लेता है, जो मनुष्य जीवन में अनावश्यक ही नहीं, बल्कि हानिकारक भी हैं, तो भी स्वभाव के अंग बन गए हैं, जिसके कारण हम मानव होकर भी पशु प्रवृत्तियों से प्रेरित व संचालित होते रहते हैं। इस अनगढ़पन को निरस्त कर अपने

को ठीक कर लेना, जिसे मानवोचित कह सकें, साधना है। इसके लिए हमें लगभग वही प्रयत्न करने पड़ते हैं, जैसे—सरकस के पशुओं को उनका मालिक तमाशा दिखाने लायक प्रशिक्षित कर देता है। कच्ची धातुओं को जिस तरीके से आग में तपाकर शुद्ध-परिष्कृत बनाया जाता है, जैसे जेवर/आभूषण बनाए जाते हैं, उसी तरीके से हमारे कुसंस्कारी जीवन को ढालकर ऐसा सभ्य और सुसंस्कृत बनाया जाए कि हम अपने शानदार व्यक्तित्व की सुगंधि से चारों ओर को सुवासित कर सकें।

जीवन साधना के लिए हमें नित्य आत्मनिरीक्षण करना होगा। अपनी गलतियों पर बारीकी से गौर करना होगा। कोई और हमारे गलत विचारों, आदतों, स्वभाव, खानपान और वेशभूषा आदि पर उँगली उठाए, इससे पहले हमें स्वयं अपनी कमियों का निष्पक्ष निरीक्षण करके अपने भीतर घुसे हुए चोर को पकड़ना होगा।

जीवन साधना के लिए हमें नित्य आत्मनिरीक्षण करना होगा। अपनी गलतियों पर बारीकी से गौर करना होगा। कोई और हमारे गलत विचारों, आदतों, स्वभाव, खानपान और वेशभूषा आदि पर उँगली उठाए, इससे पहले हमें स्वयं अपनी कमियों का निष्पक्ष निरीक्षण करके अपने भीतर घुसे हुए चोर को पकड़ना होगा।

आत्मशोधन

अपनी कमियाँ पकड़ में आ जाने पर उनको सुधारने के लिए कमर कसनी होगी। जो कमियाँ हमारे स्वभाव में हैं, दिनचर्या का अंग बनी हुई हैं, जैसे—आलस्य में, गप्प में समय गँवाना, गाली देकर बातें करना, झूठ बोलना, शेखी बघारना, नशा करना—इन्हें दूर करने के लिए संकल्पपूर्वक निरंतर जुटे रहना होगा। यही शुद्धीकरण आत्मशोधन है,

जिसमें दुर्गुणरूपी अपने भीतर घुसे हुए चोर को निकालना तथा बाहर से आनेवाले चोर से बचना होता है।

दुर्गुणों को दूर करने से जो जगह रिक्त होती है, उसके स्थान पर श्रेष्ठ सद्गुणों, स्वभावों, संस्कारों, आदतों का अपने भीतर आरोपण करना व उनका अभ्यास करते-करते उनका विकास करना ही आत्मनिर्माण व आत्मविकास है। जैसे—उपासना, स्वाध्याय, दूसरों की सहायता करना, सत्य बोलने का प्रयास करना, विनम्रतापूर्ण शब्द बोलना और अभिवादन करना आदि का सतत अभ्यास करना।

दुर्गुणों को दूर करने से जो जगह रिक्त होती है, उसके स्थान पर श्रेष्ठ सद्गुणों, स्वभावों, संस्कारों, आदतों का अपने भीतर आरोपण करना व उनका अभ्यास करते-करते उनका विकास करना ही आत्मनिर्माण व आत्मविकास है। जैसे—उपासना, स्वाध्याय, दूसरों की सहायता करना, सत्य बोलने का प्रयास करना, विनम्रतापूर्ण शब्द बोलना और अभिवादन करना आदि का सतत अभ्यास करना।

अपने ज्ञान को, सद्गुण की सुगंधि को सेवा से, प्रेम से, सद्भाव से समाज में फैलाना। अपनी योग्यता, प्रतिभा, समय, धन, श्रम से समाज को सींचना और सेवा करना। प्रेम बाँटना, 'वसुधैव कुटुंबकम्' के अनुसार अपना परिवार बढ़ाना और सबको अपना परिवार समझना।

अन्य देवी-देवताओं की साधना-उपासना करने पर हमें फल मिलेगा या नहीं, कह नहीं सकते, लेकिन जीवन साधना का परिणाम निश्चित रूप से भौतिक और आध्यात्मिक दोनों ही क्षेत्रों में हाथोहाथ पाया जा सकता है।

स्वाध्याय

मन की मलिनता को धोने के लिए स्वाध्याय अति आवश्यक है। हमारे मस्तिष्क और विचार में प्राय: वही रहता है, जो हमने अपने परिवार, मित्रों और परिचितों की संगति में सीखा व जाना है। अब हमें श्रेष्ठ विचार को अपने भीतर धारण करने के लिए श्रेष्ठ पुरुषों का सत्संग करना होगा, जो हमें श्रेष्ठता के मार्ग पर ले चलें, परंतु महापुरुषों का नित्य सत्संग संभव नहीं है। बल्कि महापुरुषों से उनके सत्साहित्यों के माध्यम से जुड़ें और पुस्तकों के माध्यम से सत्संग करें, यही स्वाध्याय है। जिस प्रकार शरीर को स्वच्छ रखने के लिए स्नान करना और कपड़े धोना आवश्यक है, उसी प्रकार स्वाध्याय द्वारा मन में जमे कषाय कल्मषों को धोना आवश्यक है। स्वाध्याय से हमें प्रेरणा मिलती है, दिशाएँ व मार्गदर्शन मिलता है। स्वाध्याय का उपासना व साधना के बराबर ही मूल्य व महत्त्व है।

मन की मलिनता को धोने के लिए स्वाध्याय अति आवश्यक है। हमारे मस्तिष्क और विचार में प्राय: वही रहता है, जो हमने अपने परिवार, मित्रों और परिचितों की संगति में सीखा व जाना है। अब हमें श्रेष्ठ विचार को अपने भीतर धारण करने के लिए श्रेष्ठ पुरुषों का सत्संग करना होगा"

- स्वाध्याय के लिए नित्य कम-से-कम आधा घंटा समय निकालें।
- वही साहित्य काम में लें, जो जीवन की वास्तविक समस्याओं पर व्यावहारिक मार्गदर्शन प्रस्तुत करता हो।
- अश्लील, हलके-फुलके निरर्थक विषयों से संबंधित पाठ्य-सामग्री व पुस्तकों से वैसे ही बचना चाहिए, जैसे दूषित भोजन से बचते हैं।

संयम

संयम का अर्थ है—रोकथाम। शक्तियों को अपव्यय से बचाना और संगृहीत शक्ति को श्रेष्ठ कार्य में नियोजित करना। हमारी शक्तियों का घोर अपव्यय होता रहता है, उसको बचा सकते हैं। हम अपनी अधिकांश शारीरिक और मानसिक शक्तियों को अपव्यय कर नष्ट कर देते हैं। यदि उन्हें रोककर उपयोगी मार्ग में लगाया जा सके तो चमत्कार हो जाएगा।

चार तरह के संयम द्वारा हम शारीरिक, मानसिक व आत्मिक रूप से शक्तिशाली बन सकते हैं—

> ***इंद्रिय निग्रह में जिह्वा और कामेंद्रिय का संयम मुख्य है। इन इंद्रियों के असंयम से हमारी अपार शक्तियों का क्षरण होता है और स्वास्थ्य की दृष्टि से व्यक्ति खोखला हो जाता है। शारीरिक दृष्टि, जिन्हें निरोग, दीर्घजीवी व समर्थ बनना हो, वे इंद्रिय संयम का महत्त्व समझें और उसका अभ्यास करें।***

इंद्रिय संयम

इंद्रिय निग्रह में जिह्वा और कामेंद्रिय का संयम मुख्य है। इन इंद्रियों के असंयम से हमारी अपार शक्तियों का क्षरण होता है और स्वास्थ्य की दृष्टि से व्यक्ति खोखला हो जाता है। शारीरिक दृष्टि, जिन्हें निरोग, दीर्घजीवी व समर्थ बनना हो, वे इंद्रिय संयम का महत्त्व समझें और उसका अभ्यास करें।

क्या करें ?

- आहार संयम करें; तेज मिर्च-मसाले, लज्ज्तदार भोजन न हो और अनेक स्वाद के व्यंजन आहार में शामिल न हों।
- सप्ताह में एक दिन उपवास का अभ्यास करें, अन्नमय कोष को साधें।

- साधना का आरंभ स्वाद साधना से होता है। सप्ताह में एक दिन नमक-मीठे के बिना भोजन का अभ्यास बनाएँ।
- सिनेमा, ताश, बीड़ी, सिगरेट का शौक और लत धीरे-धीरे त्यागें। विलासिता की चीजें घटें और सादगी बढ़े।
- अश्लील चिंतन पर रोक लगे। विवाहित जीवन में भी काम-क्रिया की अवधि और मर्यादा रहे। वह मर्यादा उत्तरोत्तर लंबी ही होती चले, छोटी नहीं। ब्रह्मचर्य का अभ्यास करें।

> ***आमतौर पर मेहनत से कमाया हुआ धन भी विलासिता से लेकर न जाने किस-किस व्यर्थ के कार्यों, अनाचारों और व्यसनों में खर्च हो जाता है। अगर उसे फिजूलखर्ची से बचाकर किसी उपयोगी काम में लगा सकें तो हम भौतिक और आत्मिक उन्नति की दिशा में कितना ही आगे बढ़ जाएँगे।***

अर्थ संयम

आमतौर पर मेहनत से कमाया हुआ धन भी विलासिता से लेकर न जाने किस-किस व्यर्थ के कार्यों, अनाचारों और व्यसनों में खर्च हो जाता है। अगर उसे फिजूलखर्ची से बचाकर किसी उपयोगी काम में लगा सकें तो हम भौतिक और आत्मिक उन्नति की दिशा में कितना ही आगे बढ़ जाएँगे।

क्या करें?

- बिना आवश्यकता के कोई चीज न खरीदें।
- वस्तुओं, भौतिक सामग्री का पूर्ण सदुपयोग करें। विलासिता, दिखावा और ठाट-बाट का त्याग करने का अभ्यास करें।
- सादगी भरा जीवन जीने में गौरव महसूस करें।

समय संयम

समय को हम आलस्य और प्रमाद में पड़े रहकर बरबाद करते रहते हैं। योजनाबद्ध कार्य न करके, मनमर्जी से जब जैसा मन हुआ, काम कर लिया। इस अस्त-व्यस्तता में हमारा जीवन नष्ट हो जाता है, जबकि समय का थोड़ा सा भी उपयोग करते तो कितना लाभ उठा सकते थे।

समय को हम आलस्य और प्रमाद में पड़े रहकर बरबाद करते रहते हैं। योजनाबद्ध कार्य न करके, मनमर्जी से जब जैसा मन हुआ, काम कर लिया। इस अस्त-व्यस्तता में हमारा जीवन नष्ट हो जाता है, जबकि समय का थोड़ा सा भी उपयोग करते तो कितना लाभ उठा सकते थे।

क्या करें ?

- प्रतिदिन प्रात: दिन भर के समय को कहाँ और किस कार्य में लगाना है, योजना बनाएँ। एक-एक क्षण को योजनाबद्ध रूप से खर्च करें।
- नित्य कर्म, भोजन, अध्ययन, जीविकोपार्जन, स्कूल, कॉलेज, मनोरंजन, आराम, सेवा, स्वाध्याय व अन्य सभी कार्य के लिए समय का आवश्यकतानुसार नियोजन करें। इससे अनावश्यक कार्यों में समय खर्च नहीं होगा।
- प्रातः सोकर उठते समय योजना बनाएँ कि अपना दिन भर का समय और अपना श्रम व संपदा को किस श्रेष्ठ प्रयोजन में खर्च करना है एवं किस अपव्यय से बचना है। रात्रि में सोने से पूर्व समीक्षा करें कि दिन भर में हमने जो भी समय, श्रम, धन जिस कार्य में लगाया, क्या वह आवश्यक था ? क्या उसे बचाया जा सकता था ? यदि 'हाँ' में जवाब मिलता है तो मानना चाहिए कि असंयम बरता गया। उसे अगले दिन सुधारने का निश्चय करना होगा।

विचार संयम

सभी प्रकार के असंयम की शुरुआत मन से होती है। मन में कितने ही विचार हर क्षण उठते रहते हैं, यदि समीक्षा करें तो पाएँगे कि उनमें से अधिकतर असंयमित बुराइयों एवं मनोविकार से भरे होते हैं। इससे हमारा मानस विकृत होता है और हमारा मन सर्वनाश करनेवाला शत्रु बन जाता है। मन की शक्तियों को ही निगृहीत करके कार्य में लगा दिया जाए तो बड़े बन जाएँगे। जिस भी कार्य में मन को एकाग्रतापूर्वक लगाएँगे, सफलता की उच्च श्रेणी तक जा पहुँचेंगे। इसी से हमारी सफलता का द्वार खुलेगा।

> ***सभी प्रकार के असंयम की शुरुआत मन से होती है। मन में कितने ही विचार हर क्षण उठते रहते हैं, यदि समीक्षा करें तो पाएँगे कि उनमें से अधिकतर असंयमित बुराइयों एवं मनोविकार से भरे होते हैं। इससे हमारा मानस विकृत होता है और हमारा मन सर्वनाश करनेवाला शत्रु बन जाता है।***

क्या करें ?

- अवांछित अनगढ़ विचार जैसे—ईर्ष्या, द्वेष, क्रोध, कामुकता, नशा, सिनेमा एवं निरर्थक विचार, जो कोई सकारात्मक फल नहीं देते, ऐसे नकारात्मक विचारों को मन में प्रवेश करते ही दबोच लेने का अभ्यास करें।
- नकारात्मक विचारों को काटकर उसके विपरीत सकारात्मक विचारों की सेना खड़ी करें। उस पर चिंतन करते रहें तो नकारात्मक विचार भाग जाते हैं, जैसे—पुलिस को देखकर चोर भाग जाता है।
- मौन का अभ्यास करें।
- नियमित सत्साहित्य का स्वाध्याय करें, मन को निगृहीत करने

का यही सर्वोत्तम उपाय है। इस प्रकार इन चारों निग्रहों—इंद्रिय निग्रह, अर्थ निग्रह, समय निग्रह एवं विचार निग्रह द्वारा अपनी शक्ति का बहुत बड़ा भाग अपव्यय से बचाकर अपने व्यक्तित्व को शानदार बनाने, अपने निर्धारित लक्ष्यों को पाने हेतु लगा सकते हैं। इसी से महान् पुरुषों व तपस्वियों ने इतिहास रचा है, हम उनकी संतानें हैं, यह न भूलें।

सेवा

युवा शक्ति के प्रतीक स्वामी विवेकानंद ने अपने व्यक्तित्व को सेवा धर्म में ही शिखर तक पहुँचाया। बिना सेवा के मानव जीवन को व्यर्थ ही बताया गया है, क्योंकि इसके बिना जीवन अधूरा है।

सेवा क्या है? जीवन साधना में निस्स्वार्थ सेवा का स्थान सर्वोच्च है। मानव की जीवात्मा का विकास और जीवन-लक्ष्य प्राप्त करने के लिए सेवा से बड़ा तप और पुण्य कुछ भी नहीं है। जब श्रेष्ठ कर्मों के फल का उदय होता है, तभी सेवा के अवसर सामने आते हैं। सेवा अर्थात् विश्वहित में अपनी समस्त उपलब्धियों (समय, श्रम, ज्ञान, प्रतिभा, योग्यता, धन, श्रेष्ठ गुण और सद्भाव) को लगाना, जिससे विश्व उद्यान की सुंदरता में वृद्धि होती है और दुःख, पीड़ा, पतन, अभाव, रोग-शोक, अशांति व तनाव में कमी आती है।

सेवा क्या है? जीवन साधना में निस्स्वार्थ सेवा का स्थान सर्वोच्च है। मानव की जीवात्मा का विकास और जीवन-लक्ष्य प्राप्त करने के लिए सेवा से बड़ा तप और पुण्य कुछ भी नहीं है। जब श्रेष्ठ कर्मों के फल का उदय होता है, तभी सेवा के अवसर सामने आते हैं।

सेवा क्यों करें ?

- मनुष्य समाज का ऋणी है। वह सामाजिक प्राणी है। उसके जीवन का हर पल समाज के उपकार से दबा हुआ है। सभ्य समाज में कृतघ्नता नहीं, कृतज्ञता को मनुष्य के लिए अनिवार्य माना जाता है।
- आत्मिक रूप से स्वस्थ मनुष्य की आत्मा की भूख है सेवा। उसे इसी में सुख व आत्मसंतोष मिलता है, जो किसी भी धन से बड़ा है। सेवामय जीवन अपनानेवाला जीवन का संपूर्ण आनंद पाता है। विवेकानंद ने भौतिक संपत्ति नहीं कमाई, लेकिन उनका व्यक्तित्व आनंद से भरा हुआ था।
- सारी सृष्टि सेवा के ही सिद्धांत पर टिकी है। प्रकृति में यदि इसका पालन न हो तो जीवन ही संकट में पड़ जाएगा। हम इसी प्रकृति की व्यवस्था के अंग हैं, अतः इसका पालन करने पर ही हम भी सुखी रह सकते हैं।
- सेवा ही ईश्वर की सच्ची पूजा है। पीड़ा पतन निवारणरूपी सेवा से ईश्वर को प्रसन्न करना आसान है। अतः केवल स्थूल जप-तप और पूजा-पाठ ही नहीं, सेवा भी अनिवार्य है।

सेवा कैसी हो ?

- सेवा चुपचाप हो। दाएँ हाथ से सेवा हो तो बाएँ हाथ को भी पता न चले। सेवा को कर्तव्य मानकर निस्स्वार्थ भाव से ही करें, अन्यथा मान-शान-अहंकार के पशु सेवारूपी पौधों को चर जाएँगे।
- सेवा के बदले नाम-यश मिल जाने पर उसका पुण्य क्षय हो जाता है। अतः सेवा कर उसे भूल जाएँ, वर्णन करते न फिरें। ईश्वर का धन्यवाद करें कि उन्होंने सेवा का अवसर, साधन एवं सेवा की प्रेरणा एवं सेवा भरा हृदय दिया। हम तो इस संसार में खाली हाथ ही आए थे, फिर अहं कैसा ?

सेवा के प्रकार

- हर क्षण अपने सम्मुख उपस्थित व्यक्तियों को अपनी ओर से कुछ-न-कुछ देने का भाव रखें, जिससे उनका हित होता हो।
- भूखे को भोजन, प्यासे को पानी, सहपाठियों की पढ़ाई में मदद, पड़ोसी की सहायता, माता-पिता को उनके कार्यों में मदद, आवश्यकता पड़ने पर शरीर सेवा, गरीब बीमार को दवा और सड़क साफ करना भी सेवा है।
- पास जो भी शारीरिक, मानसिक और आर्थिक क्षमता व आत्मिक उत्कृष्टता है, उसे लोककल्याण में बोना।
- कुछ साधन न हों तो मीठी वाणी बोलकर, मुसकराकर अपनी उद्‌भावना व शुभकामना द्वारा सेवा कर सकते हैं। स्नेह-प्यार का वातावरण बनाना भी सेवा है। युक्तियुक्त पालन द्वारा परिवार, समाज और राष्ट्र की सेवा करें।

> ***पास जो भी शारीरिक, मानसिक और आर्थिक क्षमता व आत्मिक उत्कृष्टता है, उसे लोककल्याण में बोना। कुछ साधन न हों तो मीठी वाणी बोलकर, मुसकराकर अपनी उद्‌भावना व शुभकामना द्वारा सेवा कर सकते हैं। स्नेह-प्यार का वातावरण बनाना भी सेवा है।***

- ज्ञानयज्ञ सर्वोत्तम सेवा-धर्म है, क्योंकि इससे मनुष्यों को दिशा देकर, बुराइयों से बचाकर उन्नति के मार्ग पर ऊँचा उठा सकते हैं। वस्तुगत सेवा से किसी को अस्थायी लाभ भी हो सकता है, किंतु जब किसी को समझ मिल जाए और ज्ञान आ जाए तो स्थायी रूप से जीवन ही बदल जाता है। इसके लिए एक घंटा समय निकालकर ज्ञानयज्ञ करें।

सेवा का प्रतिफल

- संसार-परिवर्तन एवं सच्ची सुख-शांति की प्राप्ति होती है।
- आत्मा का उच्चतम विकास होता है। अंत:करण पवित्र हो जाता है।
- निस्स्वार्थ सेवा के पुण्य से जीवन में प्रतिकूलताएँ घटती हैं और अनुकूलताएँ बढ़ती हैं।
- सेवाभावी व्यक्ति लोकप्रिय एवं सबकी श्रद्धा का पात्र बन जाता है, उस पर सबकी शुभकामना एवं आशीष बरसता है। शरीर जल से, मन सत्य से, बुद्धि ज्ञान से एवं आत्मा सेवा से शुद्ध होती है।

इन चारों सूत्रों को अपनाकर अपनी दिनचर्या में इन्हें शामिल करके एक साधारण सा व्यक्ति कहाँ-से-कहाँ पहुँच सकता है। यह प्रयोग करके देखने का विषय है, मात्र कहने-सुनने का नहीं। व्यक्तित्व-निर्माण के महान् पुरुषार्थ के लिए संकल्पित हों। विश्वास करें कि आप संसार के सबसे महत्त्वपूर्ण व्यक्ति हैं।

□

2

जीवन-प्रबंधन

"हमारा कर्तव्य है कि हम हर किसी को उसका उच्चतम आदर्श जीवन जीने के संघर्ष में प्रोत्साहित करें और साथ-ही-साथ उस आदर्श को सत्य के जितना निकट हो सके, लाने का प्रयास करें।"

जीवन जीना एक कला है और जो व्यक्ति इस कला से परिचित हैं, वे अपने जीवन को सुगमता व सरलता से जीते हैं। जीवन-प्रबंधन का सबसे महत्त्वपूर्ण सूत्र यही है कि व्यक्ति को सबसे पहले अपने चरित्र का निर्माण करना चाहिए, क्योंकि चरित्र के आधार पर ही व्यक्ति का विचार, व्यवहार और आचरण तय होता है। इन्हीं गुणों के अनुसार व्यक्ति कर्म करता है और उसी के आधार पर उसे फल मिलता है। स्वामी विवेकानंदजी कहते हैं कि सौ नए विद्यालयों के निर्माण से कहीं महत्त्वपूर्ण है एक बालक का चरित्र-निर्माण।

जैसे बीज बोओगे, वैसी फसल काटोगे

सद्विचारों का बीजारोपण करके सद्कर्मों की फसल काटो, सद्कर्मों के बीज बोकर अच्छी आदतों की फसल काटो, अच्छी आदतों

के बीज से सद्प्रवृत्तियों की फसल काटो और सद्प्रवृत्ति के बीज बोकर सद्चरित्रता की फसल काटो।

इस प्रकार हम यह समझ सकते हैं कि हमारा भाग्य (या भविष्य) भी हमारे ही अच्छे या बुरे चरित्र पर निर्भर करता है और हमारा चरित्र सत्-असत् इच्छाओं में से सद्इच्छाओं का ही चयन करके मन में धारण किए रहने के संकल्प पर अटल रहने की क्षमता पर निर्भर करता है। इस प्रकार हम कह सकते हैं कि हमारे चरित्र-निर्माण में इच्छाओं का स्थान बहुत महत्त्वपूर्ण है, किंतु इसके लिए दृढ़ संकल्प का रहना भी उतना ही महत्त्वपूर्ण है। क्योंकि जब तक हम अपनी विवेकसम्मत इच्छाओं से अनुप्रेरित होकर कर्म नहीं करेंगे, तब तक हम सद्कर्म नहीं कर पाएँगे और सद्चरित्र का गठन भी नहीं हो सकेगा। इसलिए हमें श्रेय-प्रेय विवेक, आत्म-अनात्म विवेक, द्रष्टा-दृश्य विवेक, सत्य-मिथ्या विवेक में से केवल श्रेय इच्छाओं को ही पूर्ण करने के दृढ़ निश्चय पर निरंतर अटल रहना चाहिए, वरना हमारे कदम लड़खड़ा जाएँगे और हम ठोकर खाकर गिर पड़ेंगे।

इस प्रकार हम यह समझ सकते हैं कि हमारा भाग्य (या भविष्य) भी हमारे ही अच्छे या बुरे चरित्र पर निर्भर करता है और हमारा चरित्र सत्-असत् इच्छाओं में से सद्इच्छाओं का ही चयन करके मन में धारण किए रहने के संकल्प पर अटल रहने की क्षमता पर निर्भर करता है।

युगों-युगों तक संघर्ष करने के बाद ही एक चरित्र का निर्माण होता है। अत: सद्चरित्र का निर्माण करने के लिए अपने मन के साथ हमारा संघर्ष निरंतर चलते रहना चाहिए, क्षण भर की लापरवाही भी चरित्र-निर्माण की प्रक्रिया को ध्वस्त कर सकती है।

यदि बालक का चरित्र-निर्माण हो गया तो बाकी अन्य चीजें स्वत: ही हो जाती हैं। किसी भी क्षेत्र में सफल होने के लिए यह बेहद जरूरी है

कि व्यक्ति जिसके भी संपर्क में आए, उसे उनसे हमेशा अच्छा व्यवहार करना चाहिए। कवि कहता है कि मधुर वचन औषधि और कटु वचन तीर के समान हैं। हमारा अच्छा व्यवहार व मीठे शब्द हमारे बिगड़े काम को सुधार और अनुचित व्यवहार व कटु शब्द बने हुए काम को बिगाड़ भी सकते हैं।

जिस व्यक्ति का स्वभाव श्रेष्ठ होता है, उसके संबंध सभी से अच्छे होते हैं। इसके विपरीत जिसका स्वभाव अच्छा नहीं होता, लोग उससे कटने लगते हैं। ऐसे लोगों के लिए सफलता की राह बेहद मुश्किल हो जाती है, इसलिए सफलता की चाह रखनेवाले लोगों को हमेशा अपना व्यवहार अच्छा रखना चाहिए। चाणक्य कहते हैं कि हर मनुष्य को अपना श्रेष्ठ स्वभाव बनाए रखना चाहिए।

जिस व्यक्ति का स्वभाव श्रेष्ठ होता है, उसके संबंध सभी से अच्छे होते हैं। इसके विपरीत जिसका स्वभाव अच्छा नहीं होता, लोग उससे कटने लगते हैं। ऐसे लोगों के लिए सफलता की राह बेहद मुश्किल हो जाती है, इसलिए सफलता की चाह रखनेवाले लोगों को हमेशा अपना व्यवहार अच्छा रखना चाहिए। चाणक्य कहते हैं कि हर मनुष्य को अपना श्रेष्ठ स्वभाव बनाए रखना चाहिए।

जीवन में सफलता प्राप्त करने के लिए मनुष्य को अपनी शक्ति और सामर्थ्य का भी ठीक-ठीक अनुमान होना चाहिए। वर्तमान में ज्यादातर लोग एक-दूसरे को देखकर अपना लक्ष्य चुन लेते हैं, लेकिन उचित सामर्थ्य व प्रतिभा न होने के कारण वे असफल हो जाते हैं, परिणामस्वरूप उनके भीतर हीनभावना आ जाती है और वे अपने जीवन से निराश हो जाते हैं। प्रत्येक मनुष्य को अपनी रुचि व प्रतिभा का आकलन करने के बाद ही अपना लक्ष्य तय करना चाहिए।

यह जरूरी नहीं है कि कोई व्यक्ति किसी क्षेत्र में सफल है तो आप उसकी सफलता से प्रभावित होकर उसी क्षेत्र में अपना कॅरियर बनाएँ और आप भी उसकी तरह सफल हो जाएँ। प्रत्येक व्यक्ति में कोई-न-कोई विशेष गुण होता है, इसलिए लक्ष्य तय करने से पहले सभी को अपने भीतर छुपे इस विशेष गुण की पहचान करनी चाहिए। जीवन-प्रबंधन में कर्म एक महत्त्वपूर्ण कारक है।

कभी किसी रिश्ते को समय देकर देखिए, वह रिश्ता सँभलेगा भी और सुधरेगा भी। कभी किसी परियोजना पर थोड़ा और समय दीजिएगा, परियोजना औसत से अच्छी होगी। और रही बात पैसों की तो दुनिया में वही अमीर हुआ है, जिसने समय के मोल को सही वक्त पर पहचान लिया।

समय का सदुपयोग

बचपन से हमें यही सिखाया जाता है कि 'समय ही धन है', शायद अध्यापक के डर से इसे रट भी लिया था, लेकिन इसे जीवन में अपनाया कितने लोगों ने?

समय एक ऐसी चीज है, जिसकी व्याख्या शायद कोई न कर सके, लेकिन हाँ, अगर आपके पास समय है तो आपके पास सबकुछ है।

कभी किसी रिश्ते को समय देकर देखिए, वह रिश्ता सँभलेगा भी और सुधरेगा भी। कभी किसी परियोजना पर थोड़ा और समय दीजिएगा, परियोजना औसत से अच्छी होगी। और रही बात पैसों की तो दुनिया में वही अमीर हुआ है, जिसने समय के मोल को सही वक्त पर पहचान लिया।

जब भी आप सुबह उठते हैं तो आपके पर्स में बिना कुछ किए 24 घंटे यूँ ही पड़े मिलते हैं। यह वे 24 घंटे हैं, जो न कोई आपसे चुरा सकता है, न कोई छीन सकता है और न ही इसे घटा-बढ़ा सकता है। ये आपके हैं, अब आप इसे इस्तेमाल करें या न करें, आपको सजा देनेवाला कोई

नहीं है। आपसे कोई नहीं पूछेगा कि आपने 24 घंटों का क्या किया? यह आपका जीवन है, आपके 24 घंटे—या तो जी लें या इन 24 घंटों को निचोड़ लें।

समय-सारणी सब बनाते हैं, पर उसे मानता कौन है? चलो, दो-चार दिन मान भी लिया, पर दो दिन बाद सब वही-का-वही। ऐसा दो कारणों से होता है—एक, आलस और दूसरा, समय की पाबंदी। इसे मिटाने के लिए आपको 'अपना' टाइम-टेबल बनाना होगा और अपना मतलब अपना।

> ***समय-सारणी सब बनाते हैं, पर उसे मानता कौन है? चलो, दो-चार दिन मान भी लिया, पर दो दिन बाद सब वही-का-वही। ऐसा दो कारणों से होता है—एक, आलस और दूसरा, समय की पाबंदी। इसे मिटाने के लिए आपको 'अपना' टाइम-टेबल बनाना होगा और अपना मतलब अपना।***

सुबह 6 बजे सब उठते हैं, रात 9 बजे सब सोते हैं तो वह आपका अपना टाइम-टेबल कैसे हुआ? कहने का मतलब यह नहीं कि सुबह जल्दी न उठें या रात को जल्दी न सोएँ, ये दोनों कार्य आपके मस्तिष्क और शरीर के लिए बहुत अच्छे हैं, लेकिन जो घर बैठे काम करता है और रात 2 बजे दिमाग में सबसे अच्छे विचार आते हैं, वह सुबह जल्दी उठकर क्या करेगा? उसे रात भर काम करना चाहिए और सुबह सोना चाहिए। हम सबके काम अलग होते हैं तो हमारा टाइम-टेबल भी अलग-अलग होना चाहिए।

- अपने शरीर की जरूरतों को जैसे—6-8 घंटे सोना आदि को अपने टाइम-टेबल में जरूर शामिल करें।
- विश्राम के समय को काटकर कोई भी ध्यान भंग करनेवाला काम न करें, क्योंकि विश्राम शरीर के लिए बहुत जरूरी है।
- आलसी न बनें। समय-सारणी को फॉलो करें।

समय प्रबंधन की पहली टिप यही होगी कि अपना अलग टाइम-टेबल बनाएँ, जो आपके शरीर और काम पर समान ध्यान देगा और उसे फॉलो करें।

आपको यह समझना होगा कि हर काम का एक समय होता है और हर एक काम उस एक पल में आवश्यक नहीं होता है। अगर आप इस तरीके को अपनाते हैं और अपने काम को जरूरत के हिसाब से बाँट लेते हैं तो आपके काम बड़े ही आसानी से होंगे और आपको भविष्य के कार्यों की फिक्र भी नहीं करनी होगी, क्योंकि एक बार अगर आप किसी चीज को कागज के टुकड़े पर लिखते हैं तो वह सिर्फ कागज पर नहीं, बल्कि आपके दिमाग में भी बैठ जाता है।

जब भी आप किसी चीज को अपनी आँखों से देखते हैं तो ज्यादा देर तक दिमाग में रहता है, जबकि कल्पित कार्यों को, जिन्हें आपको पूरा करना है, आपका दिमाग जल्दी ही भूल जाता है। यह तरीका उन लोगों के लिए और भी लाभदायक है, जिन्हें भूलने की आदत है।

जब भी आप किसी चीज को अपनी आँखों से देखते हैं तो ज्यादा देर तक दिमाग में रहता है, जबकि कल्पित कार्यों को, जिन्हें आपको पूरा करना है, आपका दिमाग जल्दी ही भूल जाता है। यह तरीका उन लोगों के लिए और भी लाभदायक है, जिन्हें भूलने की आदत है।

अब जब आपका टाइम-टेबल भी तैयार है तो उन सारी चीजों को अपने जीवन से हटा दें, जो आपका कीमती समय बरबाद कर रही हैं।

जैसे—आपकी टेबल; हो सकता है कि आपकी टेबल किताबों और फाइलों से भरी पड़ी हो या आपको सुबह अलमारी में कपड़े मिलने के बजाय ढूँढ़ने पड़ते हों। जाने-अनजाने में ये आपका कीमती वक्त जाया कर रहे हैं। अगर आपके रोज 5 मिनट बरबाद होते हैं तो इसका मतलब है कि हफ्ते में 35 मिनट और महीने में 2 घंटे 34 मिनट।

इन छोटी-छोटी चीजों को हम नजरअंदाज कर देते हैं, जो शायद बाद में चुभती हैं। तो इन छोटी-छोटी चीजों को ध्यान में रखकर आपको प्लान करना होगा—

- कौन सी चीज कहाँ रहेगी?
- किस चीज को कितने दिन बाद बदलना होगा?

इन सबके लिए अलग समय बनाएँ, ताकि हर रोज इनके पीछे 5-5 मिनट न गँवाने पड़ें। छोटी-छोटी चीजों को नजरअंदाज न करें, क्योंकि एक चिनगारी काफी होती है आग लगाने के लिए।

अब बात करते हैं काम करने के तरीके की।

काम चाहे कोई भी हो, निपुणता से होना चाहिए। क्योंकि हर कोई काम का अंतिम रूप देखता है, उसके पीछे की मेहनत शायद ही कोई देखता है। आपकी जिम्मेदारी काम को अच्छे ढंग से पूरा करना है, पर काम आप ही के द्वारा होना चाहिए, ऐसा जरूरी नहीं है। यह उपाय अवश्य छात्रों के लिए नहीं है।

> ***काम चाहे कोई भी हो, निपुणता से होना चाहिए। क्योंकि हर कोई काम का अंतिम रूप देखता है, उसके पीछे की मेहनत शायद ही कोई देखता है। आपकी जिम्मेदारी काम को अच्छे ढंग से पूरा करना है, पर काम आप ही के द्वारा होना चाहिए, ऐसा जरूरी नहीं है। यह उपाय अवश्य छात्रों के लिए नहीं है।***

ऐसा कई बार होता है कि जल्दबाजी में आप काम को बेहतर बनाना ही भूल जाते हैं और काम को जैसे-तैसे खत्म करने की कोशिश करते हैं, ऐसी परिस्थितियों से बचने के लिए आपको लोगों से अच्छा रिश्ता रखना होगा, ताकि समय-असमय पर वे आपकी मदद करें। इसके लिए अपने दोस्तों से, सहयोगियों से अच्छे संबंध बनाएँ।

आपका फोकस काम करने पर नहीं, काम की उत्तमता पर होना

चाहिए। खुद निर्णय लें कि कौन सा काम आप ही को करना होगा तथा कौन सा किसी और के करने से या यूँ कह लें कि किसी पेशेवर के करने से ज्यादा अच्छा होगा।

'अभी बहुत समय है', कहकर हम बहुत सी चीजें टाल देते हैं। खुद को एक दायरे में रखना, जो एक सुखद दायरा है, आपके और आपके कीमती समय के लिए नुकसानदेह है। अपने दायरे से बाहर निकलिए, अपने अंदर एक जोश लाएँ।

> ***कई बार ऐसा होता है कि हम अपने जीवन से, अपने काम से तंग आकर 'मूड खराब है' कहकर काम करना और समय का सही इस्तेमाल करना भूल जाते हैं। यह स्वाभाविक है, क्योंकि हम इनसान हैं, परंतु क्या आप जानते हैं कि हम अपने मस्तिष्क को चकमा दे सकते हैं?***

एक बार अपने दायरे से बाहर निकलकर देखिए, आपका सुखद दायरा बढ़ जाएगा। कुछ वक्त जरूर लगेगा। आराम के पीछे न भागें, कभी-कभी कुछ चुनौतियाँ आपको बदल सकती हैं।

कई बार ऐसा होता है कि हम अपने जीवन से, अपने काम से तंग आकर 'मूड खराब है' कहकर काम करना और समय का सही इस्तेमाल करना भूल जाते हैं। यह स्वाभाविक है, क्योंकि हम इनसान हैं, परंतु क्या आप जानते हैं कि हम अपने मस्तिष्क को चकमा दे सकते हैं?

यह बड़ा ही आसान है, बस अपने मन को समझाएँ कि आप खुश हैं और अभी काम करना बहुत जरूरी है। खुद ही खुद को प्रेरणा दें और खुद ही खुद के तनाव मिटाएँ।

- अपने आसपास ऐसा माहौल बनाएँ, जैसे हर एक चीज आपको प्रेरणा दे रही हो। कुछ प्रेरणा देनेवाले नारे अपने आसपास रखें, अपने लक्ष्य की काल्पनिक छवि अपने माहौल में शामिल करें।

- आपको अच्छे से पता है कि आपके मन को क्या चाहिए तो अपने मन को उस चीज का दिलासा दीजिए।
- जरूरत पड़े तो खुद को थोड़ा डराएँ, 'अगर इस समय तक यह काम पूरा न हुआ तो क्या होगा?' परंतु साथ-ही-साथ तनाव को अपने से दूर रखें। तनाव एक ऐसी चीज है, जो भले मानुष को भी क्रोधी बना देता है।

सच से सामना

जीवन में मुसीबतों का आना आम बात है और जो इन मुसीबतों से निपटने का साहस रखता है, वही जीवन में सफल हो पाता है। कुछ लोग मुसीबतों से घबराते हैं और इनसे बचने की कोशिश करते हैं। ऐसे में मुसीबत तो दूर नहीं होती, बल्कि परेशानियाँ और बढ़ जाती हैं।

जीवन में मुसीबतों का आना आम बात है और जो इन मुसीबतों से निपटने का साहस रखता है, वही जीवन में सफल हो पाता है। कुछ लोग मुसीबतों से घबराते हैं और इनसे बचने की कोशिश करते हैं। ऐसे में मुसीबत तो दूर नहीं होती, बल्कि परेशानियाँ और बढ़ जाती हैं।

एक बार की बात है, स्वामी विवेकानंद मंदिर से वापस लौट रहे थे कि तभी वहाँ मौजूद बंदरों ने उन्हें घेर लिया। बंदर स्वामीजी से प्रसाद छीनने की कोशिश कर रहे थे। स्वामीजी इससे थोड़ा डर गए और खुद को बचाने के लिए भागने लगे। लेकिन बंदरों ने उनका पीछा नहीं छोड़ा, वे भी उनके पीछे-पीछे दौड़ने लगे।

वहीं पास खड़े एक वृद्ध संन्यासी यह सब देख रहे थे। जब स्वामीजी बंदरों से परेशान हो गए तो वृद्ध संन्यासी ने स्वामीजी को रोका और कहा, "रुको! डरो मत, उनका सामना करो।" वृद्ध संन्यासी की बात सुनकर स्वामीजी बंदरों की ओर बढ़ने लगे। जैसे ही स्वामीजी बंदरों

की ओर बढ़ने लगे तो सभी बंदर वहाँ से भाग गए। इसके बाद स्वामीजी ने संन्यासी को धन्यवाद दिया।

इस घटना के काफी समय बाद स्वामीजी ने एक व्याख्यान में इस घटना का जिक्र करते हुए कहा कि यदि हम किसी चीज से डरते हैं तो उससे भागने के बजाय उसका सामना करना चाहिए। इस बात का ध्यान रखेंगे तो आप भी बड़ी-बड़ी परेशानियों और डर से छुटकारा पा सकेंगे, जो आपकी सफलता के लिए बहुत जरूरी है।

□

3

अनुभव सबसे बड़ा शिक्षक

“हम खुद अपना भाग्य बनाते हैं। हम वह हैं, जो हमें हमारी सोच ने बनाया है, इसलिए इस बात का ध्यान रखिए कि आप क्या सोचते हैं। शब्द गौण हैं। विचार रहते हैं, वे दूर तक यात्रा करते हैं।”

विवेकानंद भारत की धार्मिक परंपरा के उन श्रेष्ठ महापुरुषों में से एक हैं, जो समाज के लिए श्रद्धा के पात्र होने के साथ-साथ युवाओं के लिए ‘रोल मॉडल’ हैं। धर्म और परंपरा के बारे में गहरी अंतर्दृष्टि रखनेवाले स्वामीजी किस तरह अपने समय, परिवेश और पृष्ठभूमि से बहुत दूर, बहुत आगे तक सोच सके, वह कौतूहल का विषय तो है ही, उनकी बेमिसाल मेधा और दूरदृष्टि को भी जाहिर करता है।

भारत के युवाओं के समक्ष सबसे बड़ी चुनौती

सबसे पहले पाश्चात्य भोगवादी संस्कृति की आँधी को सारी शक्ति लगाकर रोकना होगा तथा मनुष्य को उसकी स्व-महिमा में पुनः प्रतिष्ठित करना होगा। इस प्राथमिक कार्य को किए बिना, केवल मनुष्य की आर्थिक अवस्था को उन्नत करने के लिए—चाहे कितने भी राजनीतिक दल क्यों न खड़े कर लिये जाएँ, चाहे कितनी भी पंचवर्षीय योजनाएँ क्यों

न बना ली जाएँ, गरीबी उन्मूलन के नाम पर चाहे कितनी भी विदेशी सहायता क्यों न ले ली जाए, इन सबसे कुछ भी लाभ नहीं होगा; ये सारे-के-सारे प्रयास व्यर्थ ही सिद्ध होंगे!

विद्यार्थियों का एक बहुत बड़ा वर्ग भले ही—साइंस और टेक्नोलॉजी, मैनेजमेंट—आई.टी. प्रोफेशनल या विज्ञान की अन्य किसी भी शाखा में कितना भी प्रशिक्षित क्यों न हो जाए, वह तब तक समृद्ध राष्ट्र-निर्माण के लिए सच्चे अर्थ में रचनात्मक शक्ति नहीं बन सकता, जब तक कि वह चरित्र की शक्ति से भी संपन्न न हो जाए।

विद्यार्थियों का एक बहुत बड़ा वर्ग भले ही—साइंस और टेक्नोलॉजी, मैनेजमेंट—आई.टी. प्रोफेशनल या विज्ञान की अन्य किसी भी शाखा में कितना भी प्रशिक्षित क्यों न हो जाए, वह तब तक समृद्ध राष्ट्र-निर्माण के लिए सच्चे अर्थ में रचनात्मक शक्ति नहीं बन सकता, जब तक कि वह चरित्र की शक्ति से भी संपन्न न हो जाए।

यदि आध्यात्मिक शिक्षा (या चरित्र-निर्माणकारी शिक्षा) का अनुसरण नहीं किया गया तो तीन पीढ़ियों में ही हमारी जाति का विनाश हो जाएगा। क्योंकि चरित्र-निर्माण के प्रति पूरी तरह से उदासीन बने रहने के फलस्वरूप केवल ऊँची-ऊँची डिग्रियों को प्राप्त करने की होड़ में, जो नकारात्मक गुण चरित्र में प्रविष्ट हो जाएँगे, वे इस तथाकथित शिक्षा को बिल्कुल ही व्यर्थ बना देंगे। और जिन लोगों के पास इस सामूहिक चरित्र हनन के प्रयास को विफल कर देने का सामर्थ्य है, उनमें से कोई इस चेतावनी पर ध्यान नहीं देंगे। क्योंकि यह चेतावनी उनके कानों में पहली बार दस्तक दे रही हो, ऐसी बात नहीं है।

तो क्या अब इस संबंध में कुछ भी नहीं किया जा सकता? हाँ, किया जा सकता है! इस लक्ष्य की सिद्धि के लिए अब केवल एक ही

मार्ग शेष है, राष्ट्र-निर्माण की इस संधि-वेला में भारत के नागरिकों को मोह-निद्रा से जाग्रत् करने के लिए अब हम लोगों को स्वयं उठ खड़े होना होगा तथा उनकी कुंभकरणी निद्रा को भंग करने के लिए गाँव-गाँव में घूमकर समस्त देशवासियों को 'उत्तिष्ठत! जाग्रत्!' सुनाना होगा तथा जो पाश्चात्य भोगवादी संस्कृति हमारे युवाओं का चरित्रहनन करने के लिए सुरसा के समान मुँह फैलाए दौड़ी चली आ रही है, उसका दृढ़तापूर्वक सामना करने के लिए युवाओं को ही उसके विरुद्ध एक राष्ट्रव्यापी चरित्र-निर्माणकारी आंदोलन खड़ा करना होगा।

विवेकानंद अकेले आध्यात्मिक महापुरुष हैं, जो यह मानने पर मजबूर करते हैं कि परंपरा और आधुनिकता के बीच तालमेल संभव है। धर्म, संस्कार और तरक्की के बीच वैसा विरोधाभास नहीं है, जैसा बहुत से लोग मानते हैं। संभव है कि यह धारणा रखनेवालों ने धर्म के मर्म को न समझा हो। अच्छे बनो और अच्छा करो, यही धर्म है।

विवेकानंद अकेले आध्यात्मिक महापुरुष हैं, जो यह मानने पर मजबूर करते हैं कि परंपरा और आधुनिकता के बीच तालमेल संभव है। धर्म, संस्कार और तरक्की के बीच वैसा विरोधाभास नहीं है, जैसा बहुत से लोग मानते हैं। संभव है कि यह धारणा रखनेवालों ने धर्म के मर्म को न समझा हो। अच्छे बनो और अच्छा करो, यही धर्म है।

स्वामी विवेकानंद की सोच, उनका दर्शन और धार्मिक व्याख्याएँ चौंकाने की हद तक आधुनिक और स्पष्ट हैं। इक्कीसवीं सदी के भौतिकतावादी, अर्थ-प्रधान, पेशेवराना माहौल में उनको पढ़ना उस तरह असहज नहीं लगता, जैसे सौ-दो सौ साल पुराने दौर के दूसरे धार्मिक व्यक्तित्वों का अध्ययन लगता है। पृष्ठभूमि धार्मिक होते हुए भी उनकी सोच प्रगतिशील और भविष्य की ओर देखनेवाली है।

स्वामी विवेकानंद के धार्मिक और सामाजिक पक्ष पर बहुत लिखा गया है। लेकिन अपने व्याख्यानों, धार्मिक चर्चाओं और लेखन के दौरान जिस तरह वे नेतृत्व क्षमता, नवाचार (इनोवेशन), प्रबंधन, सफलता और वैज्ञानिक सोच के पाठ पढ़ा गए, उन्हें भी जानना जरूरी है। स्वामीजी की कई शिक्षाएँ बड़े बिजनेस स्कूलों में पढ़ानेवाले आधुनिक मैनेजमेंट गुरुओं की याद दिला देती हैं। किसी आध्यात्मिक और दार्शनिक व्यक्तित्व में इस तरह का पहलू अद्भुत ही नहीं, दुर्लभ भी है। अन्यथा कौन सा धार्मिक नेता कहता है कि जब अंधविश्वास प्रवेश करता है तो बुद्धि विदा हो जाती है।

स्वामी विवेकानंद के धार्मिक और सामाजिक पक्ष पर बहुत लिखा गया है। लेकिन अपने व्याख्यानों, धार्मिक चर्चाओं और लेखन के दौरान जिस तरह वे नेतृत्व क्षमता, नवाचार (इनोवेशन), प्रबंधन, सफलता और वैज्ञानिक सोच के पाठ पढ़ा गए, उन्हें भी जानना जरूरी है।

जून 1894 में मैसूर के महाराजा को लिखे पत्र में उन्होंने लिखा था कि भारत में बुराइयों की जड़ गरीबों की हालत में निहित है। हमारे निम्न वर्गों को ऊपर उठाने के लिए सबसे जरूरी है, उन्हें शिक्षित करना और उनकी खोई हुई निजता को बहाल करना। धार्मिक-राजनीतिक ताकतों और विदेशी राजसत्ता ने सदियों से उनका इतना दमन किया है कि भारत के गरीब भूल गए हैं कि वे भी इनसान हैं।

नेतृत्व क्या है ? उसकी सार्थकता क्या है, यदि वह आम आदमी के जीवन को बेहतर न बना सके ? स्वामीजी का हर शब्द समाज में दिखती विषम परिस्थितियों का प्रतिकार करता प्रतीत होता है—"जब तक करोड़ों लोग गरीबी और असहाय स्थिति में हैं, मैं ऐसे हर शख्स को गद्दार मानकर चलता हूँ, जिसने उनकी कीमत पर शिक्षा पाई, लेकिन उनकी न्यूनतम सुध भी नहीं ली।" इतने प्रबल विचारोंवाला व्यक्ति संन्यासी न

होता तो क्या होता ? शायद एक महान् क्रांतिकारी, अद्‌भुत नेता, विलक्षण राजनेता ! नए दौर के नेता उनसे नेतृत्व का ककहरा सीख सकते हैं।

अपने समय की वास्तविकताओं की समझ रखे बिना कोई नेतृत्व सार्थकता प्राप्त नहीं कर सकता। भारत की आधी आबादी युवाओं की है और इतनी बड़ी शक्ति की बदौलत किसी भी देश का कायाकल्प संभव है। लेकिन तभी जब इन युवाओं के सामने स्पष्ट उद्‌देश्य तथा दिशा मौजूद हो और उन्हें अपने दायित्वों का अहसास हो। स्वामीजी युवकों के आदर्श इसलिए बने, क्योंकि उन्होंने उन्हें यही उद्‌देश्यपरकता प्रदान की। व्यक्ति, राष्ट्र, विश्व और धर्म के संदर्भ में उनकी प्राथमिकताएँ इतनी स्पष्ट थीं कि लगता है, वे कोई समाजशास्त्री हों। स्वामीजी ने कहा—"व्यावहारिक देशभक्ति सिर्फ एक भावना या मातृभूमि के प्रति प्रेम की अभिव्यक्ति मात्र नहीं है। देशभक्ति का अर्थ है—अपने साथी देशवासियों की सेवा करने का जज्बा।" किंतु वे मन से एक विश्व मानव थे, जिनकी आकांक्षा पूरे विश्व को एक परिवार के रूप में देखने की थी। यह स्वामीजी की यात्राओं से भी स्पष्ट है, जो हिंदुत्व के प्रति समझ-बूझ का प्रसार करने के लिए तो थीं ही, वैश्विकता के अन्वेषक के रूप में भी थीं। देशभक्ति और 'वैश्विकता' के बीच भी उनके विचारों में कहीं कोई भ्रम नहीं दिखता—"आवश्यकता पड़े तो उस एक भावना के लिए हर चीज का बलिदान कर देना चाहिए, जिसे 'वैश्विकता' कहते

अपने समय की वास्तविकताओं की समझ रखे बिना कोई नेतृत्व सार्थकता प्राप्त नहीं कर सकता। भारत की आधी आबादी युवाओं की है और इतनी बड़ी शक्ति की बदौलत किसी भी देश का कायाकल्प संभव है। लेकिन तभी जब इन युवाओं के सामने स्पष्ट उद्‌देश्य तथा दिशा मौजूद हो और उन्हें अपने दायित्वों का अहसास हो।

हैं।" राष्ट्र और विश्व के संदर्भ में उनके अलग-अलग, किंतु बहुत स्पष्ट विचार थे।

स्वामी विवेकानंद तो स्वभाव से ही अन्वेषक थे और दूसरों के प्रति खुले विचार रखते थे। उनका यह कथन कितना प्रासंगिक लगता है—"हमें यात्रा अवश्य करनी चाहिए, हमें विदेशी भूमियों पर जाना चाहिए। हमें देखना चाहिए कि दूसरे देशों में सामाजिक तौर-तरीके और परिपाटियाँ क्या हैं। दूसरे देश किस दिशा में सोच रहे हैं, यह जानने के लिए हमें उनके साथ मुक्त और खुले संवाद से झिझकना नहीं चाहिए।" आपको याद होगा कि जब गांधीजी विदेश जा रहे थे तो परिवार में इसका विरोध हुआ था। जयपुर के महाराजा तो जब लंदन गए, तब गंगाजल से भरे चाँदी के दो विशाल कलश साथ लेकर गए थे, ताकि विदेशी पानी पीकर भ्रष्ट न हों। लेकिन अपने समय की सोच से कितने आगे थे स्वामी विवेकानंद!

हमें यात्रा अवश्य करनी चाहिए, हमें विदेशी भूमियों पर जाना चाहिए। हमें देखना चाहिए कि दूसरे देशों में सामाजिक तौर-तरीके और परिपाटियाँ क्या हैं। दूसरे देश किस दिशा में सोच रहे हैं, यह जानने के लिए हमें उनके साथ मुक्त और खुले संवाद से झिझकना नहीं चाहिए।

नए दौर के युवकों को शायद विश्वास न हो कि विज्ञान से कोई सीधा संबंध न रखनेवाला यह साधु युवकों से कहा करता था कि कोई विचार (आइडिया) लो और फिर उसी को अपने जीवन का मकसद बना लो। उसी का सपना देखो, उसी को जियो। अपने मस्तिष्क, मांसपेशियों, नाड़ियों और शरीर के हर भाग को उस विचार से भर लो। दूसरे सभी विचारों को अलग छोड़ दो। सफलता का यही रास्ता है और इसी रास्ते ने महान् आध्यात्मिक विभूतियों को जन्म दिया है। बाकी सब तो बात करती हुई मशीनें मात्र हैं।

कितने शक्तिशाली और अद्‌भुत विचार हैं! क्या ऐसे विचारों की प्रासंगिकता कभी भी समाप्त हो सकती है? हर सफल इनसान, हर कामयाब हस्ती इसकी सार्थकता की निशानदेही करेगी। मानव मस्तिष्क अपरिमित शक्तियों से भरा है और उससे उद्‌भूत एक अनूठा विचार, एक नई अवधारणा काल-विभाजक परिवर्तनों का माध्यम बन सकती है।

आध्यात्मिक व्यक्तित्वों के संदर्भ में विचार की जिस शक्ति की ओर स्वामी विवेकानंद इशारा करते हैं, वह विज्ञान, कारोबार, मनोरंजन, रचना-कर्म और राजनीति जैसे क्षेत्रों का भी कायाकल्प करने में सक्षम है। लेकिन तभी, जब उसके प्रति एकमेव समर्पण मौजूद हो।

स्वामीजी ने एक स्थान पर लिखा है कि विश्व का उपभोग नायक ही करते हैं—यह एक अडिग सत्य है। एक नायक बनो और हमेशा कहो—मुझे कोई डर नहीं है। कड़ी मेहनत और संकल्प से ही सफलता प्राप्त होती है। तो क्या यदि सफलता की राह में आप बार-बार नाकाम हो जाएँ। "अपने लक्ष्य को एक हजार बार सामने रखकर चलो। अगर तुम एक हजार बार परास्त हो जाते हो तो एक बार फिर प्रयास करो।"

स्वामीजी ने एक स्थान पर लिखा है कि विश्व का उपभोग नायक ही करते हैं—यह एक अडिग सत्य है। एक नायक बनो और हमेशा कहो—मुझे कोई डर नहीं है। कड़ी मेहनत और संकल्प से ही सफलता प्राप्त होती है। तो क्या यदि सफलता की राह में आप बार-बार नाकाम हो जाएँ।

एक आध्यात्मिक व्यक्तित्व होकर भी वे समाज से कटे हुए नहीं थे। उसके प्रति अपने दायित्वों से विमुख नहीं थे। उसकी विसंगतियाँ, पिछड़ापन और चारों तरफ फैले दुःख-दर्द उन्हें व्यथित करते थे, लेकिन यह व्यथा हताशा नहीं थी। देश के समाज-राजनीतिक हालात में बदलाव जरूरी है, यह वे जानते थे और इसके लिए युवाओं में आवश्यक संकल्प

भरने के लिए उन्होंने अपने प्रबल विचारों का प्रयोग किया। चाहे आप देश के लिए कुछ करना चाहते हों, अपने संगठन के लिए या फिर खुद ही तरक्की के फॉर्मूले की तलाश में हों, स्वामी विवेकानंद के शब्द आपका मार्गदर्शन अवश्य करेंगे।

विवेकानंद युवाओं को अपील करते हैं, क्योंकि वे धर्म का पुरातनपंथी चेहरा सामने नहीं रखते, बल्कि उसमें एक प्रगतिशील उद्वेलन पैदा करनेवाली शक्ति के रूप में सामने आते हैं। प्रबंधन से जुड़े अहम सिद्धांत वे बातों-ही-बातों में सिखा जाते हैं, जैसे—'अनुभव सबसे बड़ा शिक्षक है।' या 'विश्व का इतिहास उन चंद लोगों का इतिहास है, जिन्हें अपने आप में विश्वास था।'

धर्म को उन्होंने संस्कारों से जोड़कर देखा और उसके बारे में फैले भ्रमों को दूर करने में अपने जीवन का बड़ा भाग लगा दिया। वे नहीं चाहते थे कि आँख मूँदकर कोई भी बात स्वीकार कर ली जाए, भले ही वह धार्मिक ग्रंथों में ही क्यों न लिखी हो।

धर्म को उन्होंने संस्कारों से जोड़कर देखा और उसके बारे में फैले भ्रमों को दूर करने में अपने जीवन का बड़ा भाग लगा दिया। वे नहीं चाहते थे कि आँख मूँदकर कोई भी बात स्वीकार कर ली जाए, भले ही वह धार्मिक ग्रंथों में ही क्यों न लिखी हो। उन्होंने आध्यात्मिक अवधारणाओं की व्याख्याएँ उन प्रबल, सरल, किंतु तर्कपूर्ण शब्दों में कीं, जो वैज्ञानिक दृष्टि से सोचनेवालों को समझ में आते थे। वे एक वैज्ञानिक की तरह तर्क-वितर्क, शोध, मनन और विश्लेषण के बाद तथ्यों को स्वीकार करनेवाले थे और यह नियम दूसरों पर भी लागू करते थे—"चाहो तो नास्तिक बन जाओ, किंतु किसी भी बात को आँख मूँदकर पत्थर की लकीर मत मानो।"

स्वामीजी का हिंदुत्व उदार और समावेशी था, किंतु उसमें अस्पष्टता की गुंजाइश नहीं थी। उनकी वैचारिक शक्ति, मूल्यों की सार्थकता में

अडिग आस्था, आत्मविश्वास और गहन अंतर्दृष्टि उनकी आध्यात्मिक विदेश यात्राओं की सफलता के पीछे थी। शिकागो में उनकी तर्कशक्ति ने विश्व को अचंभे में डाल दिया था तो इसलिए कि हिंदुत्व के प्रति उनकी विशद दृष्टि दूसरे धर्मों तथा संस्कृतियों के प्रति सम्मान पर आधारित थी, अपनी ही आस्था को सर्वश्रेष्ठ मानने के मिथ्या अहंकार से नहीं। वे तो धार्मिक स्तर पर भी संस्कृतियों के तालमेल के पक्षधर थे। ऐसे धर्म-प्रचारक को अनदेखा करना कैसे संभव हो सकता था?

स्वामीजी अमेरिका गए तो दिल जीतकर लौटे। 'मेरे अमेरिकी बहनो और भाइयो' से शुरू किया गया उनका व्याख्यान तो अमर है। वे विदेशों के लिए भी उतने ही प्रासंगिक थे, जितने कि भारत के लिए। और वे सदियों बाद भी उतने ही प्रासंगिक रहेंगे, जितने कि आज हैं या कल थे।

स्वामीजी अमेरिका गए तो दिल जीतकर लौटे। 'मेरे अमेरिकी बहनो और भाइयो' से शुरू किया गया उनका व्याख्यान तो अमर है। वे विदेशों के लिए भी उतने ही प्रासंगिक थे, जितने कि भारत के लिए। और वे सदियों बाद भी उतने ही प्रासंगिक रहेंगे, जितने कि आज हैं या कल थे।

स्वामी विवेकानंद के अनुसार लोग चाहे तुम्हारी तारीफ करे या निंदा, चाहे तुम पैसेवाले हो या न हो, तुम कभी भी सच्चाई के रास्ते से मत हटना। सत्य ही आपको सफलता की सीढ़ी तक ले जाएगा।

स्वामीजी की सलाह है कि अविश्वास अच्छा नहीं है, अपने सहयोगियों पर विश्वास करिए। अकेला चना भाड़ नहीं फोड़ सकता। टीमवर्क ही हमें आगे बढ़ाने में सहायक सिद्ध होता है। वे युवाओं से लक्ष्य पर ध्यान केंद्रित करने को भी कहते हैं। स्वामीजी का फंडा साफ है, वे कहते हैं—"आपकी सारी इच्छाएँ पूरी हो सकती हैं। वह सबकुछ मिलेगा, जो आप चाहते हैं, पर इसके लिए धैर्य बनाए रखना

बहुत जरूरी है।" उन्होंने अपने भाषणों में युवाओं को अपनी योग्यता के आधार पर, स्वयं के कौशल के आधार पर कॅरियर निर्माण के लिए प्रेरित किया।

स्वामी विवेकानंद ने आगे कहा है—"कभी भी मन मारकर कोई भी काम न करें।" कॉरपोरेट जगत् में हाड़तोड़ काम करना पड़ता है, नौकरियों के घंटे तय नहीं, खाना-पीना तो छोड़िए, कई बार तो नींद तक पूरी नहीं हो पाती है। ऐसी परिस्थितियों के लिए शारीरिक और मानसिक मजबूती जरूरी है, जिस पर स्वामीजी ने बहुत जोर दिया है।

□

4

उठो! जागो!

"जब तक आप खुद पर विश्वास नहीं करते, तब तक आप भगवान् पर विश्वास नहीं कर सकते। भला हम भगवान् को खोजने कहाँ जा सकते हैं, अगर उसे अपने हृदय और हर एक जीवित प्राणी में नहीं देख सकते। ब्रह्मांड की सारी शक्तियाँ पहले से हमारी हैं। वह हम हैं, जो अपनी आँखों पर हाथ रख लेते हैं और फिर रोते हैं कि कितना अँधेरा है।"

एक अनुभवी जीवन व्यवस्थापक के रूप में विवेकानंद कहते हैं—

"हे युवाओ, उठो! जागो! लक्ष्य-प्राप्ति तक मत रुको। पीछे मत देखो, आगे देखो, अनंत ऊर्जा, अनंत उत्साह, अनंत साहस और अनंत धैर्य हो, तभी महान् कार्य किए जा सकते हैं।

"प्रयत्न करते रहो, जब तुम्हें अपने चारों ओर अंधकार-ही-अंधकार दिखता हो, तब भी मैं कहता हूँ कि प्रयत्न करते रहो! किसी भी परिस्थिति में तुम हारो मत, बस प्रयत्न करते रहो! तुम्हें तुम्हारा लक्ष्य जरूर मिलेगा, इसमें जरा भी संदेह नहीं!"

भारत राष्ट्र का पुनर्निर्माण

राष्ट्र का पुनर्निर्माण तब तक नहीं हो सकता, जब तक नागरिकों का चरित्र-निर्माण नहीं हो जाता और भ्रष्टाचार (सदाचार द्वारा) समाप्त नहीं हो जाता। यदि गौरवशाली राष्ट्र का निर्माण करना है तो उसकी चट्टानी नींव केवल देश के नागरिकों के वैयक्तिक चरित्र-निर्माण से ही प्राप्त हो सकती है, जिनकी समष्टि से देश बनता है।

राष्ट्र का पुनर्निर्माण तब तक नहीं हो सकता, जब तक नागरिकों का चरित्र-निर्माण नहीं हो जाता और भ्रष्टाचार (सदाचार द्वारा) समाप्त नहीं हो जाता। यदि गौरवशाली राष्ट्र का निर्माण करना है तो उसकी चट्टानी नींव केवल देश के नागरिकों के वैयक्तिक चरित्र-निर्माण से ही प्राप्त हो सकती है, जिनकी समष्टि से देश बनता है।

इसलिए स्वामी विवेकानंद ने भविष्य के गौरवशाली भारत का निर्माण-सूत्र दिया था—"तुम स्वयं एक चरित्रवान मनुष्य बनो और दूसरों को भी चरित्रवान मनुष्य बनने में सहायता करो।"

यही वह पद्धति है, जिसके द्वारा हमारे देश का राष्ट्रीय चरित्र भी पुनर्निर्मित हो सकता है। क्योंकि चरित्र मनुष्य को दो बड़े गुणों से विभूषित कर देता है—पहला उसको यह समझ में आ जाता है कि उसे स्वयं के साथ कैसा व्यवहार करना चाहिए और दूसरा यह कि उसे दूसरों के साथ कैसा व्यवहार करना चाहिए। पहला गुण है पवित्रता और दूसरा है नैतिकता या सदाचार। चरित्र-निर्माण हो जाने से मनुष्य को मनसा-वाचा-कर्मणा पवित्र रहने की क्षमता स्वत: प्राप्त हो जाती है तथा अन्य मनुष्यों के साथ उसका व्यवहार भी स्वत: नैतिकतापूर्ण हो जाता है।

कभी मत सोचिए कि आत्मा के लिए कुछ असंभव है। ऐसा सोचना सबसे बड़ा विधर्म है। अगर कोई पाप है तो यह कहना कि तुम

निर्बल हो या अन्य निर्बल हैं। यदि जीवन में सफल होना है; जीवन में कुछ पाना है; महान् बनना है; तो स्वामी विवेकानंद के दर्शन और विचारों को जीवन में अपनाना चाहिए। वर्तमान समय में युवाओं के सम्मुख अनेक चुनौतियाँ हैं। हर व्यक्ति प्रयत्नशील है; बेहतर भविष्य के लिए, सामाजिक प्रतिष्ठा के लिए एवं अच्छे जीवन के लिए। ऐसे समय में युवाओं के आदर्श स्वामी विवेकानंद के संदेश व्यावहारिक मार्गदर्शन प्रदान करते हैं।

सर्वप्रथम हमें अपने जीवन का लक्ष्य निर्धारित करना चाहिए। स्वामीजी कहा करते थे, "जिसके जीवन में ध्येय नहीं है, जिसके जीवन का कोई लक्ष्य नहीं है, उसका जीवन व्यर्थ है।" लेकिन हमें एक बात का ध्यान रखना चाहिए कि हमारे लक्ष्य एवं कार्यों के पीछे शुभ उद्देश्य होना चाहिए।

सर्वप्रथम हमें अपने जीवन का लक्ष्य निर्धारित करना चाहिए। स्वामीजी कहा करते थे, "जिसके जीवन में ध्येय नहीं है, जिसके जीवन का कोई लक्ष्य नहीं है, उसका जीवन व्यर्थ है।" लेकिन हमें एक बात का ध्यान रखना चाहिए कि हमारे लक्ष्य एवं कार्यों के पीछे शुभ उद्देश्य होना चाहिए।

जिसने निश्चय कर लिया, उसके लिए केवल करना शेष रह जाता है। जीवन में एक ही लक्ष्य साधो और दिन-रात उस लक्ष्य के बारे में सोचो और फिर जुट जाओ उस लक्ष्य की प्राप्ति के लिए। हमें किसी भी परिस्थिति में अपने लक्ष्य से भटकना नहीं चाहिए। आदर्श को पकड़ने के लिए सहस्र बार आगे बढ़ो और यदि फिर भी असफल हो जाओ तो एक बार नया प्रयास अवश्य करो। इस आधार पर सफलता सहज ही निश्चित हो जाती है।

आस्था और विश्वास

जीवन में जो तय किया है या जो लक्ष्य निर्धारित किया है, उसे प्राप्त करने के लिए आवश्यक है—अपने आप में विश्वास। आत्मविश्वास, सफलता का रहस्य है। यदि हमें अपने आप पर ही विश्वास नहीं है तो हमारा कार्य किस प्रकार सफल होगा? जो भी कार्य करो, आस्था और विश्वास के साथ।

> ***स्वामी विवेकानंद कहते हैं कि आत्मविश्वास वीरता का सार है। सफलता के लिए जरूरी है—अपने आप पर मान करना, अभिमान करना, विश्वास और लगन के साथ जुटे रहना। धीरज और स्थिरता से काम करना—यही एक मार्ग है। यदि तुममें विश्वास है, तब प्रत्येक कार्य में तुम्हें सफलता मिलेगी।***

स्वामी विवेकानंद कहते हैं कि आत्मविश्वास वीरता का सार है। सफलता के लिए जरूरी है—अपने आप पर मान करना, अभिमान करना, विश्वास और लगन के साथ जुटे रहना। धीरज और स्थिरता से काम करना—यही एक मार्ग है। यदि तुममें विश्वास है, तब प्रत्येक कार्य में तुम्हें सफलता मिलेगी। फिर तुम्हारे सामने कैसी भी बाधाएँ क्यों न हों, कुछ समय बाद संसार तुमको मानेगा ही। जब तक तुम पवित्र होकर अपने उद्देश्य पर डटे रहोगे, तब तक तुम कभी निष्फल नहीं होओगे। तभी महान् कार्य किए जा सकते हैं।

लक्ष्य के प्रति जागरूकता

समर्पित भाव से अपने लक्ष्य के प्रति सदैव जागरूक रहना और जीवन के प्रत्येक क्षण में उस लक्ष्य को प्राप्त करने के लिए प्रयास करते रहना। किसी भी कार्य में सफलता पाने के लिए समर्पण अनिवार्य है।

दृढ़ निश्चय ही विजय है। युवाओं से उनका संबोधन था, " ध्येय के

प्रति पूर्ण संकल्प व समर्पण रखो।" इस संसार में प्रत्येक वस्तु संकल्प शक्ति पर निर्भर है। शुभ उद्देश्य के लिए सच्ची लगन से किया हुआ प्रयत्न कभी निष्फल नहीं होता।

समर्पण से कार्य को पूर्ण करने की लगन ही युवाओं को सफलता प्रदान कर सकती है। स्वामी विवेकानंदजी अकसर कहते थे, जीवन में नैतिकता, तेजस्विता और कर्मण्यता का अभाव नहीं होना चाहिए। इसमें कोई संदेह नहीं कि सभी महान् कार्य धीरे-धीरे होते हैं, परंतु पवित्रता, धैर्य तथा प्रयत्न द्वारा सारी बाधाएँ दूर हो जाती हैं।

समर्पण से कार्य को पूर्ण करने की लगन ही युवाओं को सफलता प्रदान कर सकती है। स्वामी विवेकानंदजी अकसर कहते थे, जीवन में नैतिकता, तेजस्विता और कर्मण्यता का अभाव नहीं होना चाहिए। इसमें कोई संदेह नहीं कि सभी महान् कार्य धीरे-धीरे होते हैं, परंतु पवित्रता, धैर्य तथा प्रयत्न द्वारा सारी बाधाएँ दूर हो जाती हैं।

स्वामीजी ने युवावर्ग का आह्वान करते हुए कहा था कि वही समाज उन्नति और उपलब्धियों के चरम शिखर पर पहुँच सकता है, जहाँ व्यक्ति में चरित्र होता है। भारत की सत्य-सनातन संस्कृति, व्यक्ति के चरित्र के निर्माण में सहायक बनती है। आवश्यक है कि लोग चरित्र व आचरण की महत्ता को समझें, सभ्यता, शालीनता, विनम्रता को अपनाएँ। जीवन के प्रत्येक क्षेत्र में सफलता प्राप्ति के लिए आवश्यक है—सद्गुण, सद्व्यवहार, सदाचार, सद्संकल्प।

स्वामी विवेकानंदजी ने युवा वर्ग को चरित्र-निर्माण के पाँच सूत्र दिए—आत्मविश्वास, आत्मनिर्भरता, आत्मज्ञान, आत्मसंयम और आत्मत्याग। उपयुक्त पाँच तत्त्वों के अनुशीलन से व्यक्ति स्वयं के व्यक्तित्व तथा देश और समाज का पुनर्निर्माण कर सकता है।

संगठित शक्ति

वर्तमान युग संगठन का युग है। व्यक्तिगत स्वार्थों का उत्सर्ग सामाजिक प्रगति के लिए कार्य करने की परंपरा जब तक प्रचलित नहीं होगी, तब तक कोई राष्ट्र सच्चे अर्थों में सामर्थ्यवान नहीं बन सकता। वर्तमान समय में सामूहिक आत्मविश्वास के जागरण की अत्यंत आवश्यकता है। उदात्त ध्येय के लिए संगठित शक्ति का समर्पित होना अनिवार्य है।

स्वामी विवेकानंदजी अमेरिका में संगठित कार्य के चमत्कार से प्रभावित हुए थे। उन्होंने ठान लिया था कि भारत में भी संगठन कौशल को पुनर्जीवित करना चाहिए। उन्होंने स्वयं रामकृष्ण मिशन की स्थापना कर संन्यासियों तक को संगठित कर समूह में काम करने का प्रशिक्षण दिया।

इस बात पर संदेह नहीं करना चाहिए कि विचारवान और उत्साही व्यक्तियों का एक छोटा सा समूह इस संसार को बदल सकता है। वास्तव में, इस संसार को संगठित शक्ति ने ही बदला है।

स्वामी विवेकानंद हमें यह प्रेरणा प्रदान करते हैं कि जीवन में सतत आगे बढ़ते रहना हमारा कर्तव्य है। जीवन पथ में अनेक बाधाएँ आती हैं, परंतु क्रमशः समस्त प्रकार की बाधाओं को दूर करके, उससे ऊपर उठकर असंभव को भी संभव किया जा सकता है।

□

5

आगे बढ़ो!

"जब कोई विचार अनन्य रूप से मस्तिष्क पर अधिकार कर लेता है, तब वह वास्तविक, भौतिक या मानसिक अवस्था में परिवर्तित हो जाता है। एक समय में एक काम करो और ऐसा करते समय अपनी पूरी आत्मा उसमें डाल दो और बाकी सबकुछ भूल जाओ।"

धीरज, साहस, पवित्रता और अनवरत कर्म सफलता के माध्यम हैं। स्वामी विवेकानंदजी और उनके संदेश आज के युवाओं के लिए प्रेरणा के स्रोत हैं। आज के समय में यदि कोई व्यक्ति विवेकानंदजी के जीवन के बारे में और उनकी दी हुई शिक्षाओं के बारे में पढ़कर उनका अपने जीवन में पालन करता है तो उसे सफलता प्राप्त करना अधिक आसान हो जाएगा।

इच्छाओं के चयन के प्रति सतर्कता

साधारणतया हम सभी लोग अपनी-अपनी आदतों (प्रवृत्तियों या रुझानों) के अनुरूप ही चिंतन करते हैं, बोल बोलते हैं तथा व्यवहार करते हैं। एक ही काम को बार-बार दोहराते रहने से हमें उसकी आदत पड़ जाती है। वे आदतें जब पुरानी पड़ जाती हैं तो हमें उनकी लत लग जाती

है या हमारी प्रवृत्ति बन जाती हैं, अर्थात् हमारी वे आदतें, जिन्हें पुनः-पुनः अभ्यास करके हमने स्वयं ही अपने जीवन का अंग बना लिया था, अब उन्हीं से प्रेरित होकर किसी खास ढंग से चिंतन करने, बोल बोलने या व्यवहार करने को बाध्य हो जाते हैं। इस प्रकार हम यह स्पष्ट रूप से समझ सकते हैं कि चरित्र कोई जन्मजात वस्तु नहीं है, हममें से प्रत्येक व्यक्ति अपनी मानसिक प्रवृत्तियों या आदतों को परिवर्तित कर सकता है, अर्थात् अपने चरित्र को रूपांतरित कर सकता है। आदतों का निर्माण एक दिन में ही नहीं होता, एक ही काम (चिंतन और बोलचाल) एक ही ढंग से प्रतिदिन बार-बार दोहराते रहने से हमें उसकी लत लग जाती है और वह हमारी आदत में परिणत हो जाता है।

> ***हम लोग कोई भी कर्म बिना विचारे यूँ ही नहीं करते हैं; बहुत सोच-विचार करने के बाद ही हम किसी इच्छा का चयन करते हैं; फिर उस तीव्र इच्छा को पूरा करने के लिए कर्म करने को बाध्य हो जाते हैं। इस प्रकार हम समझ सकते हैं कि हमारा कोई भी कर्म या आचरण हमारे ही विचारों द्वारा निर्देशित होता है।***

हम लोग कोई भी कर्म बिना विचारे यों ही नहीं करते हैं; बहुत सोच-विचार करने के बाद ही हम किसी इच्छा का चयन करते हैं; फिर उस तीव्र इच्छा को पूरा करने के लिए कर्म करने को बाध्य हो जाते हैं। इस प्रकार हम समझ सकते हैं कि हमारा कोई भी कर्म या आचरण हमारे ही विचारों द्वारा निर्देशित होता है। अपने पुराने अनुभवों का बार-बार स्मरण-मनन करते रहने से मन में उसी का स्वाद एक बार और चखने की तीव्र इच्छा मन में उदित हो जाती है तथा हमारी इच्छाएँ ही हमारे समस्त कार्यों की नियामक होती हैं।

अतः हम यदि सचमुच अपना चरित्र सुंदर बनाना चाहते हैं तो हमें अपनी इच्छाओं के चयन के प्रति अत्यंत सतर्क हो जाना चाहिए तथा अपने मन में केवल सदेच्छाओं को ही रहने देना चाहिए। क्योंकि यह

इच्छा ही हमारी विचार-शक्ति को निर्देशित करेगी एवं उसी से प्रेरित होकर हम कोई भी कार्य करने को बाध्य हो जाएँगे तथा उन्हीं कार्यों को बार-बार दोहराते रहने से हमें उनकी आदत हो जाएगी।

वही आदतें जब थोड़ी परिपक्व हो जाती हैं तो वे आदतें हमारी मानसिक प्रवृत्तियों या रुझान में परिणत हो जाती हैं। इसलिए यदि हमारे मन में सदैव सदेच्छाएँ ही उदित होती रहें तो हम सद्कर्म ही करते रहेंगे, हमारी मानसिक प्रवृत्ति सुंदर रहेगी और उन्हीं मानसिक प्रवृत्तियों की समष्टि से हमारा सुंदर चरित्र निर्मित हो जाएगा।

वही आदतें जब थोड़ी परिपक्व हो जाती हैं तो वे आदतें हमारी मानसिक प्रवृत्तियों या रुझान में परिणत हो जाती हैं। इसलिए यदि हमारे मन में सदैव सद्इच्छाएँ ही उदित होती रहें तो हम सद्कर्म ही करते रहेंगे, हमारी मानसिक प्रवृत्ति सुंदर रहेगी और उन्हीं मानसिक प्रवृत्तियों की समष्टि से हमारा सुंदर चरित्र निर्मित हो जाएगा।

स्वामी विवेकानंद कहते हैं—"आप जैसा विचार करेंगे, वैसे ही आप हो जाएँगे। यदि आप स्वयं को निर्बल मानेंगे तो आप निर्बल बन जाएँगे और यदि आप स्वयं को समर्थ मानेंगे तो आप समर्थ बन जाएँगे।"

स्वामी विवेकानंदजी की कही गई यह बात हमारे चिंतन से संबद्ध है। हम जैसा सोचते हैं, वैसे ही बन जाते हैं।

जैसे विचार हमने अपने अतीत में रखे थे, वैसे ही हम आज हैं और जैसे विचार हमारे आज हैं, वैसा ही हमारा भविष्य होगा।

जिस प्रकार की दुनिया हमारे विचारों की होगी, वैसी ही हमारी वास्तविक दुनिया भी होगी। क्योंकि हम जैसा सोचेंगे, वैसी ही चीजें हमारी ओर आकर्षित होंगी। हम जैसा सोचते हैं, वैसा ही करते हैं और जैसा करते हैं, वैसा ही हमें परिणाम प्राप्त होता है।

यदि बुरा सोचेंगे तो बुरा ही करेंगे और जब बुरा करेंगे तो परिणाम भी बुरा ही होगा। अतः अच्छा सोचने की आदत डालें, तभी कुछ अच्छा कर पाएँगे और उसका परिणाम भी अच्छा ही होगा। कोई भी परिस्थिति हो, हमेशा अच्छा सोचें, क्योंकि जो लोग विपरीत परिस्थिति में भी अच्छा सोचते हैं, वही सफलता को प्राप्त कर पाते हैं।

ब्रह्मांड की सारी शक्तियाँ हमारे ही भीतर हैं। वह हम ही तो हैं, जो अपनी आँखों पर हाथ रख लेते हैं और फिर रोते हैं कि कितना अंधकार है! यही हमारे मस्तिष्क की शक्तियाँ सूर्य की किरणों के समान हैं। जब वे केंद्रित होती हैं तो चमक उठती हैं। इस संसार की सभी बुरी और अच्छी शक्तियाँ हमारे ही अंदर मौजूद हैं, जरूरत तो केवल उन अच्छी शक्तियों को पहचानने की है, जिनके द्वारा हम कोई भी बड़ी सफलता प्राप्त कर सकते हैं। कुछ लोग ऐसे हैं, जो अपने अंदर की शक्तियों की पहचान ही नहीं कर पाते और हमेशा अपने भाग्य को दोष देते रहते हैं। जो लोग अपने अंदर की सभी अच्छी शक्तियों को पहचान लेते हैं और इन सभी शक्तियों को सफलता प्राप्त करने में लगा देते हैं, सफलता उनके कदम चूमती है।

ब्रह्मांड की सारी शक्तियाँ हमारे ही भीतर हैं। वह हम ही तो हैं, जो अपनी आँखों पर हाथ रख लेते हैं और फिर रोते हैं कि कितना अंधकार है! यही हमारे मस्तिष्क की शक्तियाँ सूर्य की किरणों के समान हैं। जब वे केंद्रित होती हैं तो चमक उठती हैं।

एक बार किसी व्यक्ति ने विवेकानंदजी से पूछा, "सबकुछ खोने से ज्यादा बुरा क्या है?" विवेकानंदजी ने कहा, "उस उम्मीद को खो देना, जिसके सहारे हम सबकुछ वापस प्राप्त कर सकते हैं।"

स्वामी विवेकानंदजी ने यहाँ उम्मीद अर्थात् आशा की किरण के बारे में बताया है। असल में उम्मीद ही तो वह आग है, जो तब भी रोशनी देती है, जब असफलता का अँधेरा हमारे जीवन को घेर लेता है।

यह सत्य है कि यदि कोई व्यक्ति अपना सबकुछ खो दे, लोग उसकी बिल्कुल भी सहायता न करें, वह बिल्कुल अकेला हो जाए, उसे हर जगह अंधकार-ही-अंधकार दिखने लगे, तब भी यदि उस व्यक्ति के मन में एक भी उम्मीद की किरण बाकी हो तो वह उस उम्मीद की किरण की मदद से सबकुछ दोबारा प्राप्त कर सकता है। अतः जीवन में सबकुछ खो देना उतना बुरा नहीं है, जितना उस उम्मीद को खो देना, जिसके बल पर सबकुछ फिर से प्राप्त किया जा सकता है।

यह सत्य है कि यदि कोई व्यक्ति अपना सबकुछ खो दे, लोग उसकी बिल्कुल भी सहायता न करें, वह बिल्कुल अकेला हो जाए, उसे हर जगह अंधकार-ही-अंधकार दिखने लगे, तब भी यदि उस व्यक्ति के मन में एक भी उम्मीद की किरण बाकी हो तो वह उस उम्मीद की किरण की मदद से सबकुछ दोबारा प्राप्त कर सकता है।

विवेकानंदजी कहते हैं—"एक विचार लो। उस विचार को अपना लक्ष्य बना लो। उसके बारे में सोचो, उसके सपने देखो, उस विचार को जियो, अपने दिमाग, मांसपेशियों, नसों और शरीर के हर हिस्से को उस विचार में डूब जाने दो तथा बाकी सभी विचारों को किनारे रख दो। यही सफल होने का तरीका है। यदि आपको सफलता प्राप्त करनी है तो अपना एक स्पष्ट लक्ष्य बनाओ। अब केवल एक ही विचार अपने मन में रखो कि कैसे भी हो, मुझे अपना लक्ष्य जरूर प्राप्त करना है और उसे प्राप्त करने के लिए कार्य शुरू कर दो। इसी विचार को लेकर सुबह में उठो, इसी को लेकर रात में सो जाओ। खाते समय, पीते समय इसी लक्ष्य के बारे में सोचो। अपने शरीर का रोम-रोम अपने लक्ष्य को प्राप्त करने में लगा दो। आपका लक्ष्य आपकी जिंदगी बन जाए। जीवन के सारे रिश्ते अपने लक्ष्य के साथ जोड़ लो। अपने लक्ष्य को प्राप्त करने में इतना डूब जाओ कि बाकी कोई

और विचार (Thought) आपके दिमाग में प्रवेश करने की हिम्मत (Coarage) भी न कर सके। तब आपको सफलता शत-प्रतिशत मिल जाएगी। यही सफलता की कुंजी है।"

"खुद से दिन में कम-से-कम एक बार बात जरूर करें, अन्यथा आप दुनिया के एक अनूठे व्यक्ति के साथ बात करने का मौका खो दोगे। मनुष्य स्वयं अपने भाग्य का निर्माता है। दिन में थोड़ा सा समय ऐसा भी निकालो, जिस समय आप हों और आपके साथ आपके विचार हों। यह वह समय होगा, जब आप खुद से बातें करेंगे। इस समय आप स्वयं से कुछ सवाल पूछें। सवाल पूछनेवाले भी आप होंगे और उत्तर देनेवाले भी आप ही होंगे। इस समय आप जो भी प्रश्न खुद से पूछेंगे, उनका सही उत्तर आपके अलावा कोई और नहीं दे सकता, क्योंकि आपके बारे में आपसे ज्यादा कोई और नहीं जानता। आप ही वे अनूठे व्यक्ति हैं, जो खुद के प्रश्नों के एकदम सही उत्तर दे सकते हैं। रोज खुद के साथ कम-से-कम एक मीटिंग जरूर करें। आपके द्वारा की गई यह मीटिंग आपके भविष्य को निर्धारित करेगी। इस मीटिंग में आप जो तय करेंगे, वही भविष्य में आपका भाग्य बनेगा। इस प्रकार आप ही खुद के भाग्य के निर्माता हैं।"

> ***खुद से दिन में कम-से-कम एक बार बात जरूर करें, अन्यथा आप दुनिया के एक अनूठे व्यक्ति के साथ बात करने का मौका खो दोगे। मनुष्य स्वयं अपने भाग्य का निर्माता है। दिन में थोड़ा सा समय ऐसा भी निकालो, जिस समय आप हों और आपके साथ आपके विचार हों।***

"दुनिया में मनुष्य के लिए कुछ भी असंभव नहीं है। इस दुनिया में आपके लिए क्या-क्या संभव है। इसे जानने का सबसे सरल तरीका है कि असंभव से आगे निकल जाओ और वहाँ पहुँच जाओ, जहाँ कुछ

भी असंभव नहीं है। असंभव से आगे निकलते ही आपके लिए सबकुछ संभव हो जाएगा। आपके अंदर वे सभी शक्तियाँ मौजूद हैं, जिनके बल पर आप कह सकते हैं कि आपके लिए इस दुनिया में सबकुछ संभव है, अर्थात् इस दुनिया में आपके लिए कुछ भी असंभव नहीं है। जब आप असंभव से आगे निकल जाएँगे, तब यह जान जाएँगे कि जीवन में अपार संभावनाएँ मौजूद हैं। अत: खुद को इतना योग्य बना लो कि आपके लिए कुछ भी कठिन न लगे, आपके लिए सबकुछ सरल हो जाए।"

स्वामी विवेकानंद कहते हैं कि जब तक कोई व्यक्ति जीवित रहता है, तब तक उसके अंदर कुछ भी सीखने की संभावनाएँ रहती हैं। जब तक व्यक्ति के अंदर कुछ नया सीखने की इच्छा रहती है, उसका विकास होता रहता है और जब उसके अंदर से कुछ नया सीखने की इच्छा समाप्त हो जाती है, तब उस व्यक्ति को एक चलती-फिरती लाश के समान माना जा सकता है।

स्वामी विवेकानंद कहते हैं कि जब तक कोई व्यक्ति जीवित रहता है, तब तक उसके अंदर कुछ भी सीखने की संभावनाएँ रहती हैं। जब तक व्यक्ति के अंदर कुछ नया सीखने की इच्छा रहती है, उसका विकास होता रहता है और जब उसके अंदर से कुछ नया सीखने की इच्छा समाप्त हो जाती है, तब उस व्यक्ति को एक चलती-फिरती लाश के समान माना जा सकता है।

यही बात किसी भी समाज पर भी लागू होती है। कोई भी समाज कुछ नया सीखते हुए समय के अनुसार खुद को ढालता चला जाता है, उस समाज का अस्तित्व हमेशा बना रहता है। जो कुछ नया नहीं सीखता, वह समाज अनेक परेशानियों के चलते पतन की ओर चलता चला जाता है। अत: हमेशा कुछ नया सीखते रहना चाहिए।

लक्ष्य-मार्ग

"किसी भी सत्य को हजारों तरीकों से बताया जा सकता है। फिर भी हर तरीका सत्य ही बताएगा।"

किसी भी मंजिल तक पहुँचने के हजारों रास्ते हो सकते हैं। हम उस मंजिल तक पहुँचने के लिए कोई-सा भी रास्ता अपना सकते हैं। क्योंकि हमारे द्वारा अपनाया गया कोई भी रास्ता हमें मंजिल तक पहुँचा देगा। इस दुनिया में अरबों लोग हैं, सभी सफलता प्राप्त करना चाहते हैं तो यह जरूरी है कि सफलता तक पहुँचने के भी अरबों रास्ते मौजूद हों। यदि सभी व्यक्ति अलग-अलग रास्ता भी अपनाएँ तो एक दिन सभी को पहुँचना केवल एक ही मंजिल पर है। इसी प्रकार किसी भी सत्य को कितने भी तरीकों से बता दिया जाए, लेकिन बताया गया हर तरीका सत्य के बारे में ही बताएगा।

अत: एक लक्ष्य बना लो और कोई भी एक अच्छा रास्ता चुन लो तथा दौड़ लगा दो और तब तक मत रुको, जब तक आपको आपका लक्ष्य न मिल जाए।

□

6

शिकागो में इतिहास

"स्वतंत्र होने का साहस करो। जहाँ तक तुम्हारे विचार जाते हैं, वहाँ तक जाने का साहस करो और उन्हें अपने जीवन में उतारने का साहस करो।"

स्वामी विवेकानंद का नाम आते ही एक ऐसे तेजस्वी युवा संन्यासी की छवि मन में उभरती है, जो न केवल ज्ञान के अथाह भंडार थे, बल्कि वे महान् देशभक्त भी थे। उन्होंने भारत को ही अपनी माँ समझा था और इसी के उत्थान के लिए जीवन भर प्रयत्नशील रहे। स्वामीजी ने 11 सितंबर, 1893 को अमेरिका के शिकागो में आयोजित विश्व धर्म-सम्मेलन में भारत की विजय पताका फहराई और यह सिद्ध किया कि विश्व में अगर कोई देश विश्वगुरु है तो वह भारत ही है। उन्होंने वेदों की आधुनिक संदर्भ में व्याख्या की और उनके व्याख्यान आज भी निराश लोगों के दिलों में नई ऊर्जा भर देते हैं।

11 सितंबर, 1893। शिकागो शहर का 'पार्लियामेंट ऑफ रिलीजन' सभागार। नीचे एक बड़ा हॉल और एक बहुत बड़ी गैलरी, दोनों में छह-सात हजार संसार भर के विभिन्न देशों के प्रतिनिधि तथा शहर के बहुसंख्यक प्रतिष्ठित व्यक्ति। मंच पर संसार की सभी जातियों के

बड़े-बड़े विद्वान्। डॉ. बरोज के आह्वान पर 30 वर्ष के तेजस्वी युवा का मंच पर पहुँचना। भाषण के प्रथम चार शब्द 'मेरे अमेरिकी बहनो और भाइयो' इन शब्दों को सुनते ही जैसे सभा में उत्साह का तूफान आ गया और 2 मिनट तक 7 हजार लोग उनके लिए खड़े होकर तालियाँ बजाते रहे। पूरा सभागार करतल ध्वनि से गुंजायमान हो गया। संवाद का यह जादू शब्दों के पीछे छिपी चिर-पुरातन भारतीय संस्कृति, सभ्यता, अध्यात्म व उस युवा के त्यागमय जीवन का था, जो शिकागो से निकला व पूरे विश्व में छा गया। लगभग तीन मिनट का वह भाषण आज भी उतना ही प्रासंगिक है, जितना उस समय था। उस भाषण का एक-एक शब्द अपने आप में एक परंपरा, एक जीवन व हजारों वर्षों की संत संतति से चले आ रहे संदेश का परिचायक है।

उस भाषण को आज भी दुनिया भुला नहीं पाती। उस भाषण से दुनिया के तमाम पंथ आज भी सबक ले सकते हैं। इस अकेली घटना ने पश्चिम में भारत की एक ऐसी छवि बना दी, जो आजादी से पहले और उसके बाद सैकड़ों राजदूत मिलकर भी नहीं बना सके। स्वामी विवेकानंद के इस भाषण के बाद भारत को एक अनोखी संस्कृति के देश के रूप में देखा जाने लगा।

उस भाषण को आज भी दुनिया भुला नहीं पाती। उस भाषण से दुनिया के तमाम पंथ आज भी सबक ले सकते हैं। इस अकेली घटना ने पश्चिम में भारत की एक ऐसी छवि बना दी, जो आजादी से पहले और उसके बाद सैकड़ों राजदूत मिलकर भी नहीं बना सके। स्वामी विवेकानंद के इस भाषण के बाद भारत को एक अनोखी संस्कृति के देश के रूप में देखा जाने लगा। अमेरिकी प्रेस ने विवेकानंद को उस धर्म संसद् की महानतम विभूति बताया था और स्वामी विवेकानंद के बारे में लिखा था—उन्हें सुनने के बाद हमें महसूस हो रहा है कि भारत

जैसे एक प्रबुद्ध राष्ट्र में मिशनरियों को भेजकर हम कितनी बड़ी मूर्खता कर रहे थे। यह ऐसे समय में हुआ, जब ब्रिटिश शासकों और ईसाई मिशनरियों का एक वर्ग भारत की अवमानना और पाश्चात्य संस्कृति की श्रेष्ठता साबित करने में लगा हुआ था।

सर्वधर्म सम्मेलन के अंत में दस का घंटा बजा। ईसाई पादरी अनुभव करने लगे कि जगत् में ईसाई पंथ सर्वश्रेष्ठ है। इस तथ्य को दुनिया के सामने प्रकट करने का समय आ पहुँचा और वास्तव में इसी भावना से अमेरिका के बड़े धार्मिक नेताओं ने इस महासम्मेलन का आयोजन किया था। परंतु किसी को खबर न थी कि यह घंटा तो सनातन हिंदू धर्म की विजय का बज रहा है। शिकागो व्याख्यान में स्वामी विवेकानंद ने अपने भाषण में उसको प्रस्तुत किया व स्थापित भी किया। विश्व धर्म सभा में जब सभी पंथ स्वयं को ही श्रेष्ठ सिद्ध करने का प्रयास कर रहे थे, तब स्वामी विवेकानंद ने कहा था कि भारत का विचार सभी सत्यों को स्वीकार करता है। स्वामीजी ने कहा कि मुझे यह कहते हुए गर्व है कि जिस धर्म का मैं अनुयायी हूँ, उसने जगत् को उदारता और प्राणी मात्र को अपना समझने की भावना दिखलाई है। इतना ही नहीं, हम सब पंथों को सच्चा मानते हैं और हमारे पूर्वजों ने प्राचीन काल में भी प्रत्येक अन्याय पीड़ित को आश्रय दिया है। इसके बाद उन्होंने हिंदू धर्म की जो सारगर्भित विवेचना की, वह कल्पनातीत थी।

सर्वधर्म सम्मेलन के अंत में दस का घंटा बजा। ईसाई पादरी अनुभव करने लगे कि जगत् में ईसाई पंथ सर्वश्रेष्ठ है। इस तथ्य को दुनिया के सामने प्रकट करने का समय आ पहुँचा और वास्तव में इसी भावना से अमेरिका के बड़े धार्मिक नेताओं ने इस महासम्मेलन का आयोजन किया था।

उन्होंने यह कहकर सभी श्रोताओं के अंतर्मन को छू लिया कि हिंदू

तमाम पंथों को सर्वशक्तिमान की खोज के प्रयास के रूप में देखते हैं। वे जन्म या साहचर्य की दशा से निर्धारित होते हैं, प्रत्येक प्रगति के एक चरण को चिह्नित करते हैं। स्वामीजी द्वारा दिए गए अपने संक्षिप्त भाषण में हिंदू धर्म में निहित विश्वव्यापी एकता के तत्त्व और उसकी विशालता के परिचय ने पश्चिम के लोगों के मनों में सदियों से भारत के प्रति एक नकारात्मक दृष्टि को बदलकर रख दिया। उनके उस छोटे से भाषण ने ही संसद् की आत्मा को हिला दिया। चारों तरफ विवेकानंद की प्रशंसा होने लगी। अमेरिकी अखबारों ने विवेकानंद को 'धर्म संसद्' की सबसे बड़ी हस्ती के रूप में सबसे प्रसिद्ध और प्रभावशाली व्यक्ति बताया। उन्होंने संसद् में कई बार हिंदू धर्म और बौद्ध मत पर व्याख्यान दिया। 27 सितंबर, 1893 को संसद् समाप्त हो गई। इसके बाद वे दो वर्षों तक पूर्वी और मध्य अमेरिका, बोस्टन, शिकागो, न्यूयॉर्क आदि जगहों पर उपदेश देते रहे। 1895 और 1896 में उन्होंने अमेरिका और इंग्लैंड में अनेक स्थानों पर भी उपदेश दिए।

उन्होंने यह कहकर सभी श्रोताओं के अंतर्मन को छू लिया कि हिंदू तमाम पंथों को सर्वशक्तिमान की खोज के प्रयास के रूप में देखते हैं। वे जन्म या साहचर्य की दशा से निर्धारित होते हैं, प्रत्येक प्रगति के एक चरण को चिह्नित करते हैं।

स्वामी विवेकानंद ने उस समय तीन भविष्यवाणियाँ की थीं, जिसमें से दो सत्य सिद्ध हो चुकी हैं और तीसरी सत्य होती हुई दिखाई देने लगी है। इनमें से पहली तथा सर्वाधिक महत्त्वपूर्ण थी भारत की स्वाधीनता के विषय में। 1890 के दशक में उन्होंने कहा था, "भारत अकल्पनीय परिस्थितियों के बीच अगले 50 वर्षों में ही स्वाधीन हो जाएगा", ठीक वैसा ही हुआ। दूसरी भविष्यवाणी थी कि रूस में पहली बार श्रमिक क्रांति होगी, जिसके होने या हो सकने के बारे में किसी को कल्पना तक न थी। यह कथन भी सत्य सिद्ध हुआ। उनकी तीसरी

भविष्यवाणी थी, जिसका सत्य सिद्ध होना अभी बाकी है। लेकिन ऐसा होते हुए अब दिख रहा है। वह है—भारत, जो एक बार फिर समृद्ध व शक्ति की महान् ऊँचाइयों तक उठेगा और अपने समस्त प्राचीन गौरव को प्राप्त कर आगे बढ़ेगा। आज भारत उस पथ पर अग्रसर होता हुआ दिख भी रहा है और पूरी दुनिया स्वावलंबी, संस्कारित, संगठित तथा समृद्धशाली भारत के इस वर्चस्व को देख भी रही है व मान भी रही है।

वस्तुतः स्वामी विवेकानंद ने सांस्कृतिक राष्ट्रीयता का परिचय भारत को करवाया। उन्होंने हिंदुत्व को भारत की राष्ट्रीय पहचान के रूप में प्रतिष्ठित किया। 'हिंदू राष्ट्र' इस शब्दावली का प्रथम प्रयोग भी संभवतः विवेकानंद ने ही किया था। शिकागो में 11 सितंबर, 1893 को दिए अपने प्रथम भाषण में 'स्वागत-प्रतिक्रिया' में उन्होंने अपने हिंदू होने पर गर्व का विस्तार से वर्णन किया है। दिनांक 17 सितंबर, 1893 को उनके द्वारा प्रस्तुत 'पेपर ऑन हिंदुइज्म' हिंदुत्व की राष्ट्रीय परिभाषा ही है। इस परिप्रेक्ष्य में समझने पर हमें हमारे विशाल देश की बाह्य विविधता में अंतर्निहित एकात्मता के दर्शन होते हैं। उन्होंने हिंदू समाज को जाग्रत् किया तथा भारत को पुनः एक सबल, सशक्त, सुसंपन्न तथा वैभवशाली राष्ट्र बनाने की प्रेरणा दी।

वस्तुतः स्वामी विवेकानंद ने सांस्कृतिक राष्ट्रीयता का परिचय भारत को करवाया। उन्होंने हिंदुत्व को भारत की राष्ट्रीय पहचान के रूप में प्रतिष्ठित किया। 'हिंदू राष्ट्र' इस शब्दावली का प्रथम प्रयोग भी संभवतः विवेकानंद ने ही किया था। शिकागो में 11 सितंबर, 1893 को दिए अपने प्रथम भाषण में 'स्वागत-प्रतिक्रिया' में उन्होंने अपने हिंदू होने पर गर्व का विस्तार से वर्णन किया है।

दुनिया में लाखों-करोड़ों लोग उनसे प्रभावित हुए और आज भी

उनसे प्रेरणा प्राप्त कर रहे हैं। सी. राजगोपालाचारी के अनुसार, "स्वामी विवेकानंद ने हिंदू धर्म और भारत की रक्षा की।" सुभाष चंद्र बोस के कहा—"विवेकानंद आधुनिक भारत के निर्माता हैं।" महात्मा गांधी मानते थे कि विवेकानंद ने उनके देशप्रेम को हजार गुना कर दिया। स्वामी विवेकानंद ने खुद को भारत के लिए एक कीमती और चमकता हीरा साबित किया है। उनके योगदान के लिए उन्हें युगों और पीढ़ियों तक याद किया जाएगा।

दुनिया में लाखों-करोड़ों लोग उनसे प्रभावित हुए और आज भी उनसे प्रेरणा प्राप्त कर रहे हैं। सी. राजगोपालाचारी के अनुसार, "स्वामी विवेकानंद ने हिंदू धर्म और भारत की रक्षा की।" सुभाष चंद्र बोस के कहा—"विवेकानंद आधुनिक भारत के निर्माता हैं।"

कुल मिलाकर यदि यह कहा जाए कि स्वामीजी आधुनिक भारत के निर्माता थे तो उसमें भी अतिशयोक्ति नहीं हो सकती। वह इसलिए कि स्वामीजी ने भारतीय स्वतंत्रता हेतु जो माहौल निर्मित किया, उस पर अमिट छाप पड़ी। आज के समय में स्वामीजी के मानवतावाद के रास्ते पर चलकर ही भारत एवं विश्व का कल्याण हो सकता है। वे बराबर युवाओं से कहा करते थे कि हमें ऐसे युवकों और युवतियों की जरूरत है, जिनके अंदर ब्राह्मणों का तेज तथा क्षत्रियों का वीर्य हो। आज विवेकानंद को जानने व 11 सितंबर, 1893 शिकागो में उनके द्वारा दिए गए भाषण को पढ़ने के साथ ही उसे गुनने की भी जरूरत है।

मुख्य अंश

- मेरे अमेरिकी बहनो और भाइयो, आपने जिस स्नेह के साथ मेरा स्वागत किया है, उससे मेरा दिल भर आया है। मैं दुनिया की सबसे पुरानी संत परंपरा और सभी धर्मों की जननी की तरफ से धन्यवाद देता हूँ। सभी जातियों और संप्रदायों के लाखों-करोड़ों हिंदुओं की तरफ से आपका आभार व्यक्त करता हूँ।
- मैं इस मंच पर बोलनेवाले कुछ वक्ताओं का भी धन्यवाद करना चाहता हूँ, जिन्होंने यह जाहिर किया कि दुनिया में सहिष्णुता का विचार पूरब के देशों से फैला है।
- मुझे गर्व है कि मैं उस धर्म से हूँ, जिसने दुनिया को सहिष्णुता और सार्वभौमिक स्वीकृति का पाठ पढ़ाया है। हम सिर्फ सार्वभौमिक सहिष्णुता पर ही विश्वास नहीं करते, बल्कि हम सभी धर्मों को सच के रूप में स्वीकार करते हैं।
- मुझे गर्व है कि मैं उस देश से हूँ, जिसने सभी धर्मों और सभी देशों के सताए गए लोगों को अपने यहाँ शरण दी। मुझे गर्व है कि हमने अपने दिल में इजराइल की वे पवित्र यादें सँजो रखी हैं, जिनमें उनके धर्मस्थलों को रोमन हमलावरों ने तहस-नहस कर दिया था और फिर उन्होंने दक्षिण भारत में शरण ली।

मुझे गर्व है कि मैं उस देश से हूँ, जिसने सभी धर्मों और सभी देशों के सताए गए लोगों को अपने यहाँ शरण दी। मुझे गर्व है कि हमने अपने दिल में इजराइल की वे पवित्र यादें सँजो रखी हैं, जिनमें उनके धर्मस्थलों को रोमन हमलावरों ने तहस-नहस कर दिया था और फिर उन्होंने दक्षिण भारत में शरण ली।

- मुझे गर्व है कि मैं एक ऐसे धर्म से हूँ, जिसने पारसी धर्म के

लोगों को शरण दी और लगातार अब भी उनकी मदद कर रहा है।

- मैं इस मौके पर वह श्लोक सुनाना चाहता हूँ, जो मैंने बचपन से याद किया और जिसे रोज करोड़ों लोग दोहराते हैं। "जिस तरह अलग-अलग जगहों से निकली नदियाँ, अलग-अलग रास्तों से होकर आखिरकार समुद्र में मिल जाती हैं, ठीक उसी तरह मनुष्य अपनी इच्छा से अलग-अलग रास्ते चुनता है। ये रास्ते देखने में भले ही अलग-अलग लगते हैं, लेकिन ये सब ईश्वर तक ही जाते हैं।"
- मौजूदा सम्मेलन, जोकि आज तक की सबसे पवित्र सभाओं में से है, वह अपने आप में गीता में कहे गए इस उपदेश का प्रमाण है—"जो भी मुझ तक आता है, चाहे कैसा भी हो, मैं उस तक पहुँचता हूँ। लोग अलग-अलग रास्ते चुनते हैं, परेशानियाँ झेलते हैं, लेकिन आखिर में मुझ तक पहुँचते हैं।"
- सांप्रदायिकता, कट्टरता और इसके भयानक वंशजों के धार्मिक हठ ने लंबे समय से इस खूबसूरत धरती को जकड़ रखा है। उन्होंने इस धरती को हिंसा से भर दिया है और कितनी ही बार यह धरती खून से लाल हो चुकी है। न जाने कितनी सभ्यताएँ तबाह हुईं और कितने देश मिटा दिए गए।
- यदि ये खौफनाक राक्षस नहीं होते तो मानव समाज कहीं ज्यादा बेहतर होता, जितना कि अभी है। लेकिन उनका वक्त अब पूरा हो चुका है। मुझे उम्मीद है कि इस सम्मेलन का बिगुल सभी तरह की कट्टरता, हठधर्मिता और दु:खों का विनाश करनेवाला होगा। चाहे, वह तलवार से हो या फिर कलम से।

□

7

प्रेरक पत्र

"स्वयं को कमजोर समझना सबसे बड़ा पाप है। किसी चीज से डरो मत। तुम अद्‍भुत काम करोगे। यह निर्भयता ही है, जो क्षण भर में परम आनंद लाती है।"

स्वामीजी के पत्र प्रबंधकीय शिक्षा से भरपूर हैं। कई पत्र बहुत रोचक शैली में लिखे हुए हैं और उन्हें बहुत आसानी से समझा जा सकता है, लेकिन उनका हर पत्र हमें जीवन के लिए बड़ा संदेश देता है। कुछ प्रेरक पत्र—

स्वामीजी का यह एक ऐतिहासिक पत्र है, जो उन्होंने साल 1893 में लिखा था। उस समय वे विश्व धर्म-सम्मेलन में भाग लेने अमेरिका जा रहे थे। वे भारत से पानी के जहाज में सवार हुए और जापान होते हुए अमेरिका गए। पत्र से आप जान सकेंगे कि उस दौर की दुनिया कैसी थी, स्वामीजी ने क्या देखा और भारत के युवाओं के लिए उनका क्या संदेश था।

स्वामीजी के पत्र (1)

ओरिएंटल होटल, याकोहामा,
10 जुलाई, 1893

प्रिय आलासिंगा, बालाजी तथा मेरे मद्रासी मित्रगण,

अपने कार्यकलाप की सूचना तुम लोगों को बराबर न देते रहने के लिए क्षमाप्रार्थी हूँ। यात्रा में जीवन बहुत व्यस्त रहता है और विशेषत: मुझे तो बहुत सा सामान-असबाब साथ में लिये-लिये घूमने की आदत नहीं थी। इन सब वस्तुओं की देखभाल में ही मेरी सारी शक्ति लग रही है। यह सचमुच एक बड़े झंझट का काम है। मैं बंबई से कोलंबो पहुँचा। हमारा स्टीमर दिन भर वहाँ ठहरा रहा। इस बीच में मुझे शहर देखने का अवसर मिला।

वहाँ की और सब वस्तुओं में ईश्वर बुद्धदेव के निर्वाण के समय की लेटी हुई मूर्ति की याद मेरे मन में अभी तक ताजा है। दूसरा स्टेशन पेनांग था, जो मलय प्रायद्वीप में समुद्र के किनारे एक छोटा सा टापू है। किसी जमाने में यहाँ के लोग कुख्यात समुद्री डाकू थे और व्यापारी इनके नाम से घबराते थे।

वहाँ की और सब वस्तुओं में ईश्वर बुद्धदेव के निर्वाण के समय की लेटी हुई मूर्ति की याद मेरे मन में अभी तक ताजा है। दूसरा स्टेशन पेनांग था, जो मलय प्रायद्वीप में समुद्र के किनारे एक छोटा सा टापू है। किसी जमाने में यहाँ के लोग कुख्यात समुद्री डाकू थे और व्यापारी इनके नाम से घबराते थे। किंतु आजकल जहाजी बेड़ों के महाभय से ये लोग डकैती छोड़कर शांतिपूर्ण धंधों में लग गए हैं। जहाज के कप्तान ने हमें समुद्री डाकुओं के बहुत से पुराने अड्डे दिखाए।

हांगकांग में चीनी लोग इतनी अधिक संख्या में हैं कि यह भ्रम हो जाता है कि हम चीन ही पहुँच गए हैं। ज्यों ही जहाज वहाँ पर लंगर डालता है कि सैकड़ों की संख्या में चीनी डोंगियाँ आपको तट पर ले जाने

के लिए घेर लेती हैं। पतवारों का संचालन प्राय: स्त्री ही करती हैं और उनमें से 90 फीसदी स्त्रियों के पीछे उनके बच्चे बँधे रहते हैं।

मजे की बात तो यह है कि ये नन्हे-नन्हे चीनी बच्चे अपनी माताओं की पीठ पर आराम से झूलते रहते हैं। हर समय इन चीनी बाल-गोपालों के शिखायुक्त मस्तकों के चूर-चूर हो जाने का डर रहता है। पर उन्हें इसकी क्या परवाह? वे तो अपनी चावल की रोटी कुतर-कुतरकर खाने में मस्त रहते हैं। चीनी बच्चों को पूरा दार्शनिक ही समझिए। जिस उम्र में भारतीय बच्चे घुटनों के बल भी नहीं चल पाते, उस उम्र में वे स्थिर भाव से चुपचाप काम पर जाते हैं। अभाव का महत्त्व वे अच्छी तरह सीख और समझ लेते हैं।

कैंटन से मैं फिर हांगकांग लौटा और वहाँ से जापान पहुँचा। पहला बंदरगाह नागासाकी था। चीनियों और इनमें कितना अंतर है? सफाई में जापानी लोग दुनिया में किसी से कम नहीं हैं। जापानी लोग ठिगने, गोरे और विचित्र वेशभूषावाले हैं। उनकी चाल-ढाल, हावभाव, रंग-ढंग सभी सुंदर हैं।

जापान सौंदर्य भूमि है। जापानियों के विषय में जो कुछ मेरे मन में है, वह सब मैं इस छोटे से पत्र में लिखने में असमर्थ हूँ। मेरी केवल यह इच्छा है कि प्रतिवर्ष यथेष्ट संख्या में हमारे नवयुवकों को यहाँ आना चाहिए।

जापान सौंदर्य भूमि है। जापानियों के विषय में जो कुछ मेरे मन में है, वह सब मैं इस छोटे से पत्र में लिखने में असमर्थ हूँ। मेरी केवल यह इच्छा है कि प्रतिवर्ष यथेष्ट संख्या में हमारे नवयुवकों को यहाँ आना चाहिए।

और तुम लोग क्या कर रहे हो? जीवन भर केवल बेकार बातें किया करते हो। आओ, इन लोगों को देखो और उसके बाद जाकर लज्जा से मुँह छिपा लो। सठियाई बुद्धिवालो, तुम्हारी तो देश से बाहर निकलते ही जाति चली जाएगी। अपनी खोपड़ी में वर्षों के अंधविश्वास का कूड़ा-

करकट भरे बैठे, भला बताओ तो सही, तुम कौन हो? और तुम इस समय कर ही क्या रहे हो?

मूर्खो, किताब हाथ में लिये तुम केवल समुद्र किनारे फिर रहे हो। तीस रुपए की मुंशीगीरी के लिए अथवा बहुत हुआ तो एक वकील बनने के लिए तड़प रहे हो। यही तो भारतवर्ष के नवयुवकों की सबसे बड़ी महत्त्वाकांक्षा है। तिस पर इन विद्यार्थियों के भी झुंड-के-झुंड बच्चे पैदा हो जाते हैं, जो भूख से तड़पते हुए उन्हें घेरकर 'बाबूजी, खाने को दो, खाने को दो' कहकर चिल्लाते रहते हैं।

> ***मूर्खो, किताब हाथ में लिये तुम केवल समुद्र किनारे फिर रहे हो। तीस रुपए की मुंशीगीरी के लिए अथवा बहुत हुआ तो एक वकील बनने के लिए तड़प रहे हो। यही तो भारतवर्ष के नवयुवकों की सबसे बड़ी महत्त्वाकांक्षा है।***

आओ, मनुष्य बनो! अपने अंधकूप से बाहर निकलो! देखो, अन्य देश किस तरह आगे बढ़ रहे हैं। पीछे मुड़कर मत देखो! अत्यंत निकट और प्रिय संबंधी रोते हैं तो रोने दो, पीछे देखो ही मत। केवल आगे बढ़ते जाओ! परमात्मा ने तुम्हारी इस निश्चेष्ट सभ्यता को तोड़ने के लिए ही अंग्रेजी राज्य को भारत में भेजा है।

धीरता और दृढ़ता के साथ चुपचाप काम करना होगा। सर्वदा याद रखना कि नाम-यश कमाना अपना उद्देश्य नहीं है।

तुम्हारा
विवेकानंद

स्वामीजी के पत्र (2)

धर्म और विशेषकर हिंदू धर्म के बारे में अज्ञान, अंधविश्वास तथा विकृत धारणाओं का निराकरण करना स्वामी विवेकानंद के समक्ष कितना कठिन काम था। अतः उनके मन में यदा-कदा निराशा का झोंका आ जाना स्वाभाविक ही था।

एक ऐसी ही मन:स्थिति में स्वामीजी ने डेट्राएट से 15 मार्च, 1894 को शिकागो की हेल-बहनों के नाम एक पत्र में लिखा, परंतु जब से मैं यहाँ आया हूँ, पता नहीं क्यों, मन बड़ा उदास रहता है; कारण मुझे मालूम नहीं। मैं व्याख्यान देते-देते और इस प्रकार के निरर्थक वाद से थक गया हूँ। सैकड़ों प्रकार के मानवीय पशुओं से मिलते-मिलते मेरा मन अशांत हो गया है। मैं तुम लोगों को अपनी रुचि की बात बतलाता हूँ कि मैं लिख नहीं सकता, मैं बोल नहीं सकता, परंतु मैं गंभीर विचार कर सकता हूँ और जब जोश में होता हूँ तो वाणी से स्फुलिंग निकाल सकता हूँ। परंतु यह होना चाहिए कुछ चुने हुए, केवल थोड़े से चुने हुए लोगों के सामने ही।

वे यदि चाहें तो मेरे विचारों को ले जाकर प्रसारित कर दें, परंतु मैं यह नहीं कर सकता। यह तो श्रम का समुचित विभाजन है, एक ही आदमी सोचने में और अपने विचारों के प्रसार करने में सफल नहीं हो सकता। मनुष्य को चिंतन के लिए मुक्त होना चाहिए, विशेषत: जबकि विचार आध्यात्मिक हो। मैं चाहता हूँ, वह यहाँ नहीं है और मैं इस तूफानी वातावरण को और अधिक काल तक सहन करने में असमर्थ हूँ।

वे यदि चाहें तो मेरे विचारों को ले जाकर प्रसारित कर दें, परंतु मैं यह नहीं कर सकता। यह तो श्रम का समुचित विभाजन है, एक ही आदमी सोचने में और अपने विचारों के प्रसार करने में सफल नहीं हो सकता। मनुष्य को चिंतन के लिए मुक्त होना चाहिए, विशेषत: जबकि विचार आध्यात्मिक हो।

कुछ शुद्ध, सत्प्रकृति के दर्पण इन शांतिपूर्ण, शीतल, सुंदर, गहन, मर्मभेदी, स्वाधीन, खोजपूर्ण विचारों को परावर्तित कर पुन: तब तक ग्रहण करते रहेंगे, जब तक कि उन सभी के स्वरों के बीच सामंजस्य नहीं स्थापित हो जाता। फिर दूसरे लोग इसे यथासंभव बाह्य जगत् में प्रसारित करने का प्रयास करेंगे।

पूर्णता का मार्ग यह है कि स्वयं पूर्ण बनने का प्रयत्न करना तथा कुछ थोड़े से नर-नारियों को पूर्ण बनाने का प्रयत्न करना। भला करने से मेरा यह तात्पर्य है कि कुछ असाधारण योग्यता के लोगों का विकास करूँ कि भैंस के आगे बीन बजाकर समय, स्वास्थ्य और शक्ति का अपव्यय करूँ।

अब और व्याख्यान देने की मुझे परवाह नहीं। किसी व्यक्ति अथवा किसी श्रोतामंडली की सनक के अनुसार मुझे परिचालित कराने का यह प्रयास बड़ा ही विरक्तिकर है।

□

8

मनुष्य-निर्माणकारी शिक्षा

"किसी की निंदा न करें। अगर आप मदद के लिए हाथ बढ़ा सकते हैं तो जरूर बढ़ाएँ। अगर नहीं बढ़ा सकते तो अपने हाथ जोड़िए, अपने भाइयों को आशीर्वाद दीजिए और उन्हें उनके मार्ग पर जाने दीजिए।"

पशु–मानव को देव–मानव में रूपांतरित करना ही भारत का भाग्य है। विश्व को भौतिकवादी संस्कृति का ग्रास बनने से बचाने में भारत को एक अत्यंत महत्त्वपूर्ण भूमिका निभानी होगी। हमें महान् भारतीय संस्कृति विरासत में मिली है, जिसे संपूर्ण विश्व को प्रदान करने की जिम्मेवारी को हम अपना जीवन–गठन और चरित्र–गठन करने के बाद ही निभा सकते हैं, इसलिए संपूर्ण जगत् भारत के मोहनिद्रा से जाग उठने की प्रतीक्षा कर रहा है।

जब तक हम एक विकसित राष्ट्र नहीं हो जाते, तब तक हम कैसे उनके गुरु हो सकते हैं? इसलिए सभी बाधाओं का अतिक्रमण करके राष्ट्र–निर्माण की परम आवश्यकता है। किसी राष्ट्र की भौगोलिक सीमाओं की रक्षा भी इसकी सभ्यता और संस्कृति की रक्षा करने पर ही निर्भर करती है।

आत्मसुझाव का सिद्धांत

सद्ग्रंथों में तो ढेरों अच्छे विचार और प्रेरक प्रसंग भरे पड़े हैं, किंतु इन सद्विचारों को अपने मन की गहरी परतों में (अवचेतन मन में) कैसे बैठाया जाए? उन सद्विचारों को अपने भीतर स्थायी रूप से कैसे धारण करें कि वे हमारी स्वाभाविक इच्छाशक्ति बनकर हमें निरंतर सद्चिंतन तथा सद्कर्म करने के लिए ही अनुप्रेरित करते रहें? सचमुच इस प्रश्न के उत्तर को जान लेना अत्यंत अनिवार्य है। क्योंकि सद्विचारों की केवल पुस्तकीय जानकारी रखना ही पर्याप्त नहीं है, चरित्र-गठन या जीवन-गठन में इससे कोई विशेष लाभ तब तक नहीं मिलेगा, जब तक हम उन्हें आत्मसात् नहीं कर लेते। हमें तो उन सद्भावों को अपने अवचेतन मन में या 'मन की गहरी परतों' में बैठाना होगा या अंत:स्थापित कर लेना होगा। इस तकनीक को समझने के लिए पहले हमें स्वयं के विषय में थोड़ा और अधिक ज्ञान अर्जित करना होगा।

सद्ग्रंथों में तो ढेरों अच्छे विचार और प्रेरक प्रसंग भरे पड़े हैं, किंतु इन सद्विचारों को अपने मन की गहरी परतों में (अवचेतन मन में) कैसे बैठाया जाए? उन सद्विचारों को अपने भीतर स्थायी रूप से कैसे धारण करें कि वे हमारी स्वाभाविक इच्छाशक्ति बनकर हमें निरंतर सद्चिंतन तथा सद्कर्म करने के लिए ही अनुप्रेरित करते रहें?

मनोविज्ञान के अनुसार कोई भी सद्भावना या सद्इच्छा हमारे मन की गहरी परतों में तभी बैठ पाती है; जब वह मन की बाह्यतम परत को लाँघकर उसके पीछे गहराई में अवस्थित अवचेतन मन या चित्त में प्रविष्ट हो जाती है। हम सभी के भीतर जो अनंत शक्ति (आत्मा) विद्यमान है, उसका प्रवेश-द्वार भी यह अवचेतन मन ही है। कोई इच्छा जब हमारे मन की बाह्य परतों को लाँघकर अवचेतन मन या चित्त में सचमुच प्रविष्ट

हो जाती है, केवल तभी वह हमारी विचार-शक्ति को दक्षता के साथ निर्देशित कर सकती है। इस प्रकार अवचेतन मन में गहराई तक बैठी इच्छा ही, अदम्य इच्छाशक्ति ही दृढ़ संकल्प में परिणत होकर हमें केवल सद्कर्म ही करने को बाध्य कर देती है और हम उसे पहले अपनी आदत, फिर प्रवृत्ति में ढालकर सद्चरित्र के स्वामी बन जाते हैं।

इसलिए सर्वप्रथम हमें औचित्य-बोध या विवेक की सहायता से सद्इच्छाओं का चयन कर लेना होगा। उसके बाद स्वयं को ही यह सुझाव या परामर्श बार-बार देना होगा कि वास्तव में हम चाहते क्या हैं या हमारी वह कौन सी अदम्य इच्छा है, जिसे हम हर हाल में पूर्ण करना चाहते हैं?

असत् प्रवृत्तियों से छुटकारा पाना

जब हम अपने अवचेतन मन में स्थित विवेकसम्मत किसी अदम्य सद्इच्छा द्वारा प्रेरित होकर कोई कर्म करते हैं तो वह कर्म हमारे मन के ऊपर एक हलकी सी लकीर डाल देता है। फिर उन्हीं सद्कर्मों को बार-बार दोहराते रहने से मन पर पड़ी वह लकीर क्रमशः अधिकाधिक और चौड़ी तथा गहरी होकर बिल्कुल स्पष्ट लीक बन जाती है।

जब हम अपने अवचेतन मन में स्थित विवेकसम्मत किसी अदम्य सद्इच्छा द्वारा प्रेरित होकर कोई कर्म करते हैं तो वह कर्म हमारे मन के ऊपर एक हलकी सी लकीर डाल देता है। फिर उन्हीं सद्कर्मों को बार-बार दोहराते रहने से मन पर पड़ी वह लकीर क्रमशः अधिकाधिक और चौड़ी तथा गहरी होकर बिल्कुल स्पष्ट लीक बन जाती है।

अब जब कभी हम कोई ऐसा नया सद्कर्म करते हैं, जो मन में गुँथे उस गहरे-चौड़े स्पष्ट लीक या छाप के सदृश ही हो तो उससे बननेवाली यह नई लकीर पहले से

विद्यमान उसी गहरे-चौड़े स्पष्ट लीक में स्वतः ही प्रविष्ट हो जाती है। हमारे अवचेतन मन में दृढ़ता से जमी विवेकसम्मत सद्इच्छाएँ इसी प्रकार हमें सदैव सद्कर्म ही करने के लिए अनुप्रेरित करती रहती हैं, अच्छी आदतें क्रमशः अधिकाधिक दृढ़तर होती हुई सत्-प्रवृत्तियों का निर्माण करती हैं और हम एक सत्-चरित्रवान मनुष्य में रूपांतरित हो जाते हैं।

अपनी दुर्बलताओं को जीत लेनेवाला मनुष्य ही सच्चा वीर है। सच्चा वीर वही है, जो अपने मन को वशीभूत करके दृढ़ निश्चय और लगन के बल पर एक ओजस्वी चरित्र का निर्माण कर लेता है। जो वीर है, वह मिट्टी का माधव बनकर कभी संतुष्ट नहीं रह सकता, बल्कि वह अपने परिवेश को बदलने के साथ-साथ दूसरों को भी सत्चरित्र का निर्माण करने में सक्रिय सदाचार के साथ सहयोग करता रहता है।

अपनी दुर्बलताओं को जीत लेनेवाला मनुष्य ही सच्चा वीर है। सच्चा वीर वही है, जो अपने मन को वशीभूत करके दृढ़ निश्चय और लगन के बल पर एक ओजस्वी चरित्र का निर्माण कर लेता है। जो वीर है, वह मिट्टी का माधव बनकर कभी संतुष्ट नहीं रह सकता, बल्कि वह अपने परिवेश को बदलने के साथ-साथ दूसरों को भी सद्चरित्र का निर्माण करने में सक्रिय सदाचार के साथ सहयोग करता रहता है। निस्संदेह यह कार्य अत्यंत दुस्साध्य है, किंतु ऐसे ही साहसिक कार्यों की चुनौती को स्वीकार करनेवाले को ही साधु, युवा या सच्चा युवा कहा जाता है। जब इसी साहसिक कार्य को करने के दायित्व को तुम अपने कंधों पर उठा लोगे, तब इस चुनौती का सामना तुम अपनी जिस प्रतिभा और कार्यकुशलता के साथ करोगे, उसी के आधार पर यह निर्णय हो पाएगा कि आज देश में जो विषाद के दुर्दमनीय काले बादल छाए हुए हैं, वे कितनी जल्दी विलुप्त हो जाएँगे?

शत्रुतापूर्ण विचारों से सदा मुक्त रहो

अपने मनरूपी पवित्र तीर्थ को, ईश्वर के मंदिर को अध:पतित करनेवाले शत्रुतापूर्ण विचारों से सदा मुक्त रखो। क्योंकि मन की पवित्रता के ऊपर ही उत्तम व्यक्तित्व निर्भर करता है। यदि हम अपने मन की देखभाल समुचित ढंग से करते रहते हैं तो उसी से हमारे चरित्र की भी देखभाल होती रहती है। हमारा मन भी चूँकि प्रकृति का ही अंश है, इसलिए वह भी कभी रिक्तता या शून्यता को पसंद नहीं करता है। इसलिए यदि मन को उत्कृष्ट, कल्याणकारी तथा पवित्र विचारों से परिपूर्ण करके नहीं रखा जाए तो यह स्वत: ही अपने को निकृष्ट, अधम, रुग्ण एवं असंगत विचारों से परिपूर्ण कर लेगा। इसलिए हमें अपने मन में केवल शुभ या सत् संकल्पों को ही उठने देना चाहिए।

अपने मनरूपी पवित्र तीर्थ को, ईश्वर के मंदिर को अध:पतित करनेवाले शत्रुतापूर्ण विचारों से सदा मुक्त रखो। क्योंकि मन की पवित्रता के ऊपर ही उत्तम व्यक्तित्व निर्भर करता है। यदि हम अपने मन की देखभाल समुचित ढंग से करते रहते हैं तो उसी से हमारे चरित्र की भी देखभाल होती रहती है।

क्योंकि हमारे अपने ही विचारों के अतिरिक्त दूसरा कोई भी हमारा वास्तविक शत्रु नहीं है। वैसे अपवित्र विचाररूपी शत्रु हमारी ही कामवासना, स्वार्थीपन तथा पूर्वग्रह से उत्पन्न होते हैं तथा हमारे ही मन में छुपे रहते हैं। मनरूपी वास्तविक पवित्र तीर्थस्थल को सभी तरह के अपवित्र या शत्रुतापूर्ण विचारों से सदा मुक्त तथा निर्मल बनाए रखने का सबसे सरल उपाय तो यही है कि मन को निरंतर सद्विचारों के चिंतन में ही व्यस्त रखा जाए।

विविदिषानंद से विवेकानंद

देशी रियासतों के विलीनीकरण से पूर्व राजस्थान के शेखावाटी

अंचल में स्थित खेतड़ी एक छोटी, किंतु सुविकसित रियासत थी, जहाँ के सभी राजा साहित्य एवं कला पारखी व संस्कृति के प्रति आस्थावान थे। वे शिक्षा के विकास व विभिन्न क्षेत्रों को प्रकाशमान करने की दिशा में सदैव सचेष्ट रहते थे। खेतड़ी सदैव से ही महान् विभूतियों की कार्यस्थली के रूप में जानी जाती रही है। चारों तरफ फैले खेतड़ी के यश की चर्चा सुनकर ही विदेशी आक्रमणकारी महमूद गजनवी ने अपने भारत पर किए गए सत्रह आक्रमणों में से एक आक्रमण खेतड़ी पर भी किया था, मगर उसके उपरांत भी खेतड़ी की शान में कोई कमी नहीं आई थी।

खेतड़ी नरेश राजा अजीत सिंह एक धार्मिक व आध्यात्मिक प्रवृत्तिवाले शासक थे। राजा अजीत सिंह ने माउंट आबू में एक नया महल खरीदा था, जिसे उन्होंने 'खेतड़ी महल' नाम दिया। गरमी में राजा उसी महल में ठहरे हुए थे, उसी दौरान 4 जून, 1891 को उनकी युवा संन्यासी विवेकानंद से पहली बार मुलाकात हुई।

खेतड़ी नरेश राजा अजीत सिंह एक धार्मिक व आध्यात्मिक प्रवृत्तिवाले शासक थे। राजा अजीत सिंह ने माउंट आबू में एक नया महल खरीदा था, जिसे उन्होंने 'खेतड़ी महल' नाम दिया। गरमी में राजा उसी महल में ठहरे हुए थे, उसी दौरान 4 जून, 1891 को उनकी युवा संन्यासी विवेकानंद से पहली बार मुलाकात हुई। इस मुलाकात से अजीत सिंह उस युवा संन्यासी से इतने प्रभावित हुए कि राजा ने उस युवा संन्यासी को अपना गुरु बना लिया तथा अपने साथ खेतड़ी चलने का आग्रह किया, जिसे स्वामीजी ठुकरा नहीं सके। इस प्रकार स्वामी विवेकानंद 7 अगस्त, 1891 को प्रथम बार खेतड़ी आए। खेतड़ी में स्वामीजी 27 अक्तूबर, 1891 तक रहे। यह स्वामी विवेकानंदजी की प्रथम खेतड़ी यात्रा थी तथा किसी एक स्थान पर स्वामीजी का सबसे बड़ा ठहराव भी।

खेतड़ी प्रवास के दौरान स्वामीजी नित्यप्रति राजा अजीत सिंहजी से अध्यात्म पर चर्चा करते थे। स्वामीजी ने राजा अजीत सिंह को उदार व विशाल बनने के लिए आधुनिक विज्ञान के महत्त्व को समझाया। खेतड़ी में ही स्वामी विवेकानंद ने राजपंडित नारायण दास शास्त्री के सहयोग से पाणिनी का 'अष्टाध्यायी' व पातंजलि का 'महाभाष्याधायी' का अध्ययन किया। स्वामीजी ने व्याकरणाचार्य और पांडित्य के लिए विख्यात नारायण दास शास्त्री को लिखे पत्रों में उन्हें 'मेरे गुरु' कहकर संबोधित किया था।

अमेरिका जाने से पूर्व राजा अजीत सिंह के निमंत्रण पर 21 अप्रैल, 1893 को स्वामीजी दूसरी बार खेतड़ी पहुँचे। स्वामीजी ने इस दौरान 10 मई, 1893 तक खेतड़ी में प्रवास किया। यह स्वामीजी की दूसरी खेतड़ी यात्रा थी। इसी दौरान एक दिन नरेश अजीत सिंह व स्वामीजी फतेहविलास महल में बैठे शास्त्र चर्चा कर रहे थे, तभी राज्य की नर्तकियों ने वहाँ आकर गायन-वादन का अनुरोध किया। इस पर संन्यासी होने के नाते स्वामीजी उसमें भाग नहीं लेना चाहते थे, वे उठकर जाने लगे तो नर्तकियों के दल की नायिका मैनाबाई ने स्वामीजी से आग्रह किया कि स्वामीजी, आप भी विराजें, मैं यहाँ भजन सुनाऊँगी। इस पर स्वामीजी बैठ गए। नर्तकी मैनाबाई ने महाकवि सूरदास रचित प्रसिद्ध भजन

अमेरिका जाने से पूर्व राजा अजीत सिंह के निमंत्रण पर 21 अप्रैल, 1893 को स्वामीजी दूसरी बार खेतड़ी पहुँचे। स्वामीजी ने इस दौरान 10 मई, 1893 तक खेतड़ी में प्रवास किया। यह स्वामीजी की दूसरी खेतड़ी यात्रा थी। इसी दौरान एक दिन नरेश अजीत सिंह व स्वामीजी फतेहविलास महल में बैठे शास्त्र चर्चा कर रहे थे, तभी राज्य की नर्तकियों ने वहाँ आकर गायन-वादन का अनुरोध किया।

प्रभू मोरे अवगुण चित्त न धरो।
समदरसी है नाम तिहारो चाहे तो पार करो॥
एक लोहा पूजा में राखत एक घर बधिक परो।
पारस गुण अवगुण नहिं चितवत कंचन करत खरो॥

सुनाया तो स्वामीजी की आँखों में पश्चात्ताप मिश्रित आँसुओं की धारा बह निकली और उन्होंने उस पतिता नारी को 'ज्ञानदायिनी माँ' कहकर संबोधित किया तथा कहा कि आपने आज मेरी आँखें खोल दी हैं। इस भजन को सुनकर ही स्वामीजी संन्यासोन्मुखी हुए और जीवनपर्यंत सद्भाव से जुड़े रहने का व्रत धारण किया। 10 मई, 1893 को स्वामीजी ने मात्र 28 वर्ष की अल्पायु में खेतड़ी से अमेरिका जाने को प्रस्थान किया। महाराजा अजीत सिंह के आर्थिक सहयोग से ही स्वामी विवेकानंद अमेरिका के शिकागो शहर में आयोजित विश्व धर्म-सम्मेलन में शामिल हुए और वेदांत की पताका फहराकर भारत को विश्व धर्मगुरु का सम्मान दिलाया। अमेरिका जाते वक्त खेतड़ी नरेश राजा अजीत सिंह ने अपने मुंशी जगमोहन लाल व अन्य सहायक कर्मचारियों को बंबई तक स्वामीजी की यात्रा की तैयारियों व व्यवस्था करने स्वामीजी के साथ भेजा। स्वामीजी ने जहाज का साधारण दरजे का टिकट खरीदा था, जिसे राजा ने वापस करवाकर उच्च दरजे का टिकट दिलवाया। अमेरिका में स्वामीजी का धन खो गया। इस बात का पता जब अजीत सिंहजी को लगा तो उन्होंने टेलीग्राफ से वहीं तत्काल 150 डॉलर भिजवाए।

सुनाया तो स्वामीजी की आँखों में पश्चात्ताप मिश्रित आँसुओं की धारा बह निकली और उन्होंने उस पतिता नारी को 'ज्ञानदायिनी माँ' कहकर संबोधित किया तथा कहा कि आपने आज मेरी आँखें खोल दी हैं। इस भजन को सुनकर ही स्वामीजी संन्यासोन्मुखी हुए और जीवनपर्यंत सद्भाव से जुड़े रहने का व्रत धारण किया।

इस बात का पता बहुत कम लोगों को है कि स्वामीजी का सर्वजन विदित 'स्वामी विवेकानंद' नाम भी राजा अजीत सिंह ने रखा था। इससे पूर्व स्वामीजी का अपना नाम विविदिषानंद था। शिकागो जाने से पूर्व राजा अजीत सिंह ने स्वामीजी से कहा कि आपका नाम बड़ा कठिन है तथा टीकाकार की सहायता के बिना उसका अर्थ नहीं समझा जा सकता है तथा नाम का उच्चारण भी सही नहीं है। और अब तो विविदिषाकाल यानी जानने की इच्छा भी समाप्त हो चुकी है। उसी दिन राजा अजीत सिंह ने उनके सिर पर साफा बाँधा व भगवा चोगा पहनाकर नया वेश व नया नाम 'स्वामी विवेकानंद' प्रदान किया, जिसे स्वामीजी ने जीवनपर्यंत धारण किया। आज भी लोग उन्हें राजा अजीत सिंह द्वारा प्रदत्त 'स्वामी विवेकानंद' नाम से ही जानते हैं।

शिकागो में हिंदू धर्म की पताका फहराकर स्वामीजी विश्व भ्रमण करते हुए 1897 में जब भारत लौटे तो 17 दिसंबर, 1897 को खेतड़ी नरेश ने स्वामीजी के सम्मान में 12 मील दूर जाकर उनका स्वागत किया व भव्य गाजे-बाजे के साथ खेतड़ी लेकर आए। उस वक्त स्वामीजी को सम्मानस्वरूप खेतड़ी दरबार के सभी ओहदेदारों ने दो-दो सिक्के भेंट किए व खेतड़ी नरेश ने तीन हजार सिक्के भेंट कर दरबार हॉल में स्वामीजी का स्वागत किया।

शिकागो में हिंदू धर्म की पताका फहराकर स्वामीजी विश्व भ्रमण करते हुए 1897 में जब भारत लौटे तो 17 दिसंबर, 1897 को खेतड़ी नरेश ने स्वामीजी के सम्मान में 12 मील दूर जाकर उनका स्वागत किया व भव्य गाजे-बाजे के साथ खेतड़ी लेकर आए।

सर्वधर्म सम्मेलन से लौटने के बाद स्वामी विवेकानंद जब खेतड़ी आए तो राजा अजीत सिंह ने उनके स्वागत में चालीस मण (सोलह सौ किलो) देशी घी के दीपक पूरे खेतड़ी शहर में जलवाए थे। इससे भोपालगढ़, फतेहसिंह महल, जयनिवास महल के साथ पूरा शहर जगमगा

उठा था। 20 दिसंबर, 1897 को खेतड़ी के पन्नालाल शाह ने तालाब पर प्रीतिभोज देकर स्वामीजी का भव्य स्वागत किया। शाही भोज में उस वक्त खेतड़ी के पाँच हजार लोगों ने भाग लिया था। उसी समारोह में स्वामी विवेकानंदजी ने खेतड़ी में सार्वजनिक रूप से भाषण दिया, जिसे सुनने हजारों की संख्या में लोग उमड़ पड़े। उस भाषण को सुननेवालों में खेतड़ी नरेश अजीत सिंह के साथ काफी संख्या में विदेशी राजनयिक भी शामिल हुए। 21 दिसंबर, 1897 को स्वामीजी खेतड़ी से प्रस्थान कर गए, यह स्वामीजी का अंतिम खेतड़ी प्रवास था।

स्वामी विवेकानंदजी ने एक स्थान पर स्वयं स्वीकार किया था कि यदि खेतड़ी के राजा अजीत सिंहजी से उनकी भेंट नहीं हुई होती तो भारत की उन्नति के लिए उनके द्वारा जो थोड़ा-बहुत प्रयास किया गया, उसे वे कभी नहीं कर पाते। स्वामीजी राजा अजीत सिंह को समय-समय पर पत्र लिखकर जनहित कार्य जारी रखने की प्रेरणा देते रहते थे।

स्वामी विवेकानंदजी ने एक स्थान पर स्वयं स्वीकार किया था कि यदि खेतड़ी के राजा अजीत सिंहजी से उनकी भेंट नहीं हुई होती तो भारत की उन्नति के लिए उनके द्वारा जो थोड़ा-बहुत प्रयास किया गया, उसे वे कभी नहीं कर पाते। स्वामीजी राजा अजीत सिंह को समय-समय पर पत्र लिखकर जनहित कार्य जारी रखने की प्रेरणा देते रहते थे। स्वामी विवेकानंदजी ने जहाँ राजा अजीत सिंह को खगोलविज्ञान की शिक्षा दी थी, वहीं उन्होंने खेतड़ी के संस्कृत विद्यालय में अष्टाध्यायी ग्रंथों का अध्ययन भी किया था। स्वामी विवेकानंदजी के कहने पर ही राजा अजीत सिंह ने खेतड़ी में शिक्षा के प्रसार के लिए जयसिंह स्कूल की स्थापना की।

कहते हैं कि स्वामीजी के आशीर्वचन से ही राजा अजीत सिंह को पुत्र-प्राप्ति हुई थी। राजा अजीत सिंह और स्वामी विवेकानंद के अटूट

संबंधों की अनेक कथाएँ आज भी खेतड़ी के लोगों की जुबान पर सहज ही सुनने को मिल जाती हैं। स्वामीजी ने माना था कि राजा अजीत सिंह ही उनके जीवन में एकमात्र मित्र थे। स्वामीजी के आग्रह पर राजा अजीत सिंह ने स्वामीजी की माता भुवनेश्वरी देवी को 1891 से सहयोग के लिए 100 रुपए प्रतिमाह भिजवाना प्रारंभ करवाया था, जो अजीत सिंहजी की मृत्यु तक जारी रहा।

स्वामीजी का जन्म 12 जनवरी, 1863 को व मृत्यु 4 जुलाई, 1902 को हुई। इसी तरह राजा अजीत सिंह का जन्म 10 अक्तूबर, 1861 को और मृत्यु 18 जनवरी, 1901 को हुई। दोनों का निधन 39 वर्ष की उम्र में हो गया था व दोनों के जन्म और मृत्यु के समय में भी ज्यादा अंतर नहीं था। इसे महज संयोग नहीं कहा जा सकता।

स्वामीजी का जन्म 12 जनवरी, 1863 को व मृत्यु 4 जुलाई, 1902 को हुई। इसी तरह राजा अजीत सिंह का जन्म 10 अक्तूबर, 1861 को और मृत्यु 18 जनवरी, 1901 को हुई। दोनों का निधन 39 वर्ष की उम्र में हो गया था व दोनों के जन्म और मृत्यु के समय में भी ज्यादा अंतर नहीं था। इसे महज संयोग नहीं कहा जा सकता।

स्वामी विवेकानंद ने 'रामकृष्ण मिशन' नामक सेवा भावी संगठन की स्थापना की, जिसकी राजस्थान में सर्वप्रथम शाखा खेतड़ी में 1958 में राजा अजीत सिंह के पौत्र बहादुर सरदार सिंह द्वारा खेतड़ी प्रवास के दौरान स्वामीजी के ठहरने के स्थान स्वामी विवेकानंद स्मृति भवन में प्रारंभ करवाई गई। मिशन द्वारा खेतड़ी में गरीब तथा पिछड़े बालक-बालिकाओं के लिए 'श्री शारदा शिशु विहार' नाम से एक बालवाड़ी, सार्वजनिक पुस्तकालय, वाचनालय एवं एक मातृ सदन तथा शिशु कल्याण केंद्र भी चलाया जा रहा है।

□

9

शिक्षा ही संपूर्णता

"किसी दिन, जब आपके सामने कोई समस्या न आए तो आप सुनिश्चित हो सकते हैं कि आप गलत मार्ग पर चल रहे हैं।"

स्वामी विवेकानंद ऐसे संन्यासी थे, जो निरंतर समाज के उत्थान के लिए चिंतित रहते थे। दरअसल स्वामीजी संन्यास की उस भारतीय दृष्टि एवं व्यवस्था के प्रतिनिधि थे, जिसके अनुसार संन्यास आश्रम एकांत में ईश्वर की खोज के लिए नहीं, अपितु जो कुछ समाज से प्राप्त किया है, उसमें बढ़ोतरी कर समाज को लौटाने की अवस्था है। उस समय स्वामी विवेकानंद ने देखा कि समाज में शिक्षा की स्थिति बहुत अच्छी नहीं है। शिक्षा के अभाव में जीवन के सभी क्षेत्रों में भी अंधकार पसर गया था, इसलिए स्वामीजी ने शिक्षा का उजियारा फैलाने के लिए निरंतर प्रयास किए। किंतु वे शिक्षा को भारतीय दृष्टि से देखते थे। वे 'मनी मेकिंग' शिक्षा की बात नहीं करते, बल्कि 'मैन मेकिंग' शिक्षा को बढ़ाने के लिए प्रतिबद्ध दिखते रहे। वे शिक्षा को व्यक्तित्व-निर्माण का साधन मानते थे।

सद्ग्रंथों को पढ़ने की आदत

यदि तुम सद्व्यक्तित्व संपन्न मनुष्य बनना चाहते हो तो सद्ग्रंथों को पढ़ने की आदत डालो। और यदि बौद्धिक रूप से शक्तिशाली बनना चाहते हो तो किसी एक अनुच्छेद को एकाग्रता के साथ पढ़ लेने के बाद पुस्तक को बंद कर दीजिए, तत्पश्चात् बैठे-बैठे या टहलते हुए कुछ समय तक केवल पठित-विषय के ऊपर ही चिंतन-मनन करते रहिए। किसी भी स्थिति में अपने मन को पठित विषय-वस्तु के अभिप्राय के बारे में चिंतन-मनन करते रहने में ही एकाग्र बनाए रखिए, अर्थात् अभी-अभी आपने जो कुछ पढ़ा है; उसके वास्तविक अभिप्राय को ही अपने मन में बार-बार घुमाते रहिए।

> ***क्योंकि कोई भी ज्ञान तब तक आपका नहीं हो सकता, जब तक आप उसके मर्म या अभिप्राय पर चिंतन-मनन करके उसे आत्मसात् कर अपने जीवन में नहीं उतार लेते। ज्ञान की सार्थकता अपने जीवन में उसके उपयोग करने पर निर्भर है।***

क्योंकि कोई भी ज्ञान तब तक आपका नहीं हो सकता, जब तक आप उसके मर्म या अभिप्राय पर चिंतन-मनन करके उसे आत्मसात् कर अपने जीवन में नहीं उतार लेते। ज्ञान की सार्थकता अपने जीवन में उसके उपयोग करने पर निर्भर है। जब आप उसे पहली बार पढ़ते हैं, तब वह लेखक की संपत्ति ही रहती है, किंतु जब आप (गाय के पागुर कर भोजन पचा लेने की पद्धति के जैसा) उसे आत्मसात् कर लेते हो, तब वह ज्ञान आपका अविभाज्य अंग बन जाता है; और तब अपने व्यावहारिक जीवन में भी आप उस ज्ञान का उपयोग करने में सक्षम हो जाते हैं।

ऐसी किसी पुस्तक को मत पढ़ो, जिसमें नैतिकता को बल प्रदान करनेवाली कोई सामग्री न हो। अध्ययन का उद्देश्य निर्धारित किए बिना किसी भी पुस्तक को मत पढ़ो। केवल समय व्यतीत करने के उद्देश्य से

पढ़ाई करना नीतिसंगत नहीं है, बल्कि मूर्खता है। दूसरी महत्त्वपूर्ण बात है, मन को विषय-वस्तु पर एकाग्र किए बिना कभी मत पढ़ो। किसी पुस्तक को जब अपने हाथ में लो तो उसे पढ़ने से पूर्व मन को तरोताजा, उत्साही और मनीषा को सक्रिय बना लो। किसी फालतू या असंगत विषयों को पढ़ने से अधिक हानिकारक है; निरुत्साही होकर निष्प्राण भाव से या मन मारकर पढ़ते रहना। जो कुछ भी पढ़ो, पूरी तल्लीनता के साथ पढ़ो, पढ़ाई करते समय उसी में लीन हो जाओ। जब अध्ययन समाप्त हो जाए तो पुस्तक के भावों को पुस्तक में ही छोड़कर मत उठो। उसके अभिप्राय के ऊपर उसी प्रकार चिंतन-मनन करो, जिस प्रकार घास खा लेने के बाद एक गाय जुगाली (या पागुर) करती है, ठीक उसी प्रकार पठित विषयों को चबा-चबाकर उसके विचारों को आत्मसात् कर लो।

हमारा प्रत्येक कार्य जो हम करते हैं, हर विचार जो हम सोचते हैं, हमारे मन के ऊपर एक छाप छोड़ जाता है, जिसे संस्कृत में 'संस्कार' कहते हैं। ये सभी संस्कार एकत्र होकर ऐसी महती शक्ति का रूप ले लेते हैं। किसी व्यक्ति ने स्वयं ही जिसका निर्माण किया, वही उसका व्यक्तित्व है।

अच्छे संस्कारों का निर्माण

हमारा प्रत्येक कार्य जो हम करते हैं, हर विचार जो हम सोचते हैं, हमारे मन के ऊपर एक छाप छोड़ जाता है, जिसे संस्कृत में 'संस्कार' कहते हैं। ये सभी संस्कार एकत्र होकर ऐसी महती शक्ति का रूप ले लेते हैं। किसी व्यक्ति ने स्वयं ही जिसका निर्माण किया, वही उसका व्यक्तित्व है। यह उन मानसिक तथा दैहिक क्रियाओं का परिणाम है, जिन्हें उसने अपने जीवन में किया है। मनुष्य के अस्तित्व के साथ व्यक्तित्व इतना ओतप्रोत है कि उसे इससे अलग करके देखा भी नहीं जा सकता तथा

जो वस्तु किसी व्यक्ति के अस्तित्व का अविभाज्य अंग हो, संभवत: उसे अनावश्यक वस्तु कहने की धृष्टता कोई भी नहीं करना चाहेगा।

हम जानते हैं कि किसी व्यक्ति के शरीर को नुकसान पहुँचाए बिना उसके अंग को काटकर अलग नहीं किया जा सकता। यदि किसी एक भी अंग को काटकर निकाल लिया जाए तो वह व्यक्ति या तो मर जाएगा या उसकी कार्यक्षमता क्षीण हो जाएगी। संभव है कि एकाध अंग निकाल लेने के बाद भी उसको कृत्रिम उपकरण की सहायता से जीवित रख लिया जाए, किंतु किसी व्यक्ति के अस्तित्व से व्यक्तित्व को एक क्षण के लिए भी काटकर निकाला नहीं जा सकता। इस प्रकार हम समझ सकते हैं कि व्यक्तित्व किसी व्यक्ति के अस्तित्व का अविभाज्य अंग है, इसलिए यह उसके अस्तित्व का अनिवार्य या मौलिक वैशिष्ट्य है।

हम जानते हैं कि किसी व्यक्ति के शरीर को नुकसान पहुँचाए बिना उसके अंग को काटकर अलग नहीं किया जा सकता। यदि किसी एक भी अंग को काटकर निकाल लिया जाए तो वह व्यक्ति या तो मर जाएगा या उसकी कार्यक्षमता क्षीण हो जाएगी।

यह सत्य है कि हमारी शारीरिक तथा मानसिक क्रियाओं के ऊपर परिस्थितियों का भी गहरा प्रभाव पड़ता है। अच्छे परिवेश में पलने-बढ़ने से हमारा झुकाव अच्छे संस्कारों को विकसित करने की ओर रहता है, वहीं बुरे परिवेश में यह झुकाव बुरे संस्कारों को विकसित करनेवाला होता है। किंतु हर हाल में अपने मन पर संस्कारों का निर्माण करने के लिए हम स्वयं ही मुख्य रूप से उत्तरदायी हैं। क्योंकि परिस्थितियाँ भी एक निश्चित सीमा तक ही हमारी शारीरिक और मानसिक क्रियाओं को प्रभावित कर सकती हैं, इसलिए हमारे संस्कार-निर्माण में परिस्थितियाँ कभी भी निर्णायक भूमिका नहीं निभा सकतीं। यदि संस्कार-निर्माण में परिस्थितियाँ ही

निर्णायक भूमिका निभातीं तो अच्छे परिवेश में रहने, पलने-बढ़नेवाले सभी मनुष्यों का सदैव सत्-संस्कार ही विकसित होता और जो लोग बुरे परिवेश में रहने को बाध्य हैं, उनका संस्कार सदैव बुरा ही रहता। दीर्घ काल तक बुरे परिवेश में जीवन व्यतीत करने के बाद भी किसी व्यक्ति की शारीरिक और मानसिक क्रियाओं के रुझानों का योगफल यदि अच्छाई या साधुता के पक्ष में अधिक हो तो उसमें सत्-संस्कार ही विकसित होगा।

ठीक उसी प्रकार दीर्घ काल तक साधु-संग और अच्छे वातावरण में रहकर भी यदि किसी व्यक्ति के कर्मों का योगफल बुराई के ही पक्ष में अधिक हो तो उसके संस्कार का झुकाव बुरा बनने की ओर होगा। निस्संदेह परिवेश का प्रभाव भी मन के ऊपर पड़ता है, किंतु व्यक्ति जब तक स्वयं न चाहे, वह पूरी तरह से परिवेश के अधीन कभी नहीं हो सकता।

ठीक उसी प्रकार दीर्घ काल तक साधु-संग और अच्छे वातावरण में रहकर भी यदि किसी व्यक्ति के कर्मों का योगफल बुराई के ही पक्ष में अधिक हो तो उसके संस्कार का झुकाव बुरा बनने की ओर होगा। निस्संदेह परिवेश का प्रभाव भी मन के ऊपर पड़ता है, किंतु व्यक्ति जब तक स्वयं न चाहे, वह पूरी तरह से परिवेश के अधीन कभी नहीं हो सकता। परिस्थितियाँ चाहे जैसी हों, हर अवस्था में किसी व्यक्ति की इच्छाशक्ति या उसके मन की संकल्पशक्ति ही उसकी शारीरिक और मानसिक क्रियाओं के लिए अंतिम रूप से उत्तरदायी है एवं परिवेश की भूमिका अहम नहीं है। इस बात को दृढ़ विश्वास के साथ कह सकते हैं कि संस्कार कोई विलासिता की सामग्री तो नहीं ही है, बल्कि यह हमारे अस्तित्व के साथ इतनी ओतप्रोत है कि इसे कभी हमसे अलग नहीं किया जा सकता।

उनका स्पष्ट मानना था कि भारत का सबसे अधिक नुकसान किसी

ने किया है तो वह अशिक्षा ने किया है। मुट्ठी भर लोगों के मस्तिष्क तक शिक्षा के सीमित रह जाने से भी भारत का अनिष्ट हुआ है। इस संबंध में 24 अप्रैल, 1897 को 'भारती' की संपादक सरला घोषाल को दार्जिलिंग से लिखे उनके पत्र को देखना होगा।

स्वामीजी लिखते हैं—"भारत के सत्यानाश का मूल कारण यही है कि देश की संपूर्ण विद्या-बुद्धि राजशासन और दंभ के बल से केवल मुट्ठी भर लोगों के अधिकार में रखी गई है। यदि हमें फिर से उन्नति करनी है तो हमको उसी मार्ग पर चलना होगा, अर्थात् जनता में विद्या का प्रचार करना होगा।"

संपूर्ण भारत को शिक्षित करने का चिंतन जब स्वामी विवेकानंद करते हैं तो वे प्रत्येक उपाय पर विचार करते हैं। गाँव-गाँव, नगर-नगर घूम रहे साधु और संन्यासियों को भी वे उनका मूल काम याद दिलाने का प्रयास करते हैं। भारत को शिक्षित करने के अपने संकल्प को पूरा करने के लिए वे इन्हें शिक्षा अभियान से जोड़ने की बात करते हैं। स्वामी विवेकानंद ने 23 जून, 1894 को शिकागो से मैसूर के महाराजा को पत्र लिखा कि मान लीजिए कि आपने हर एक गाँव में एक निःशुल्क पाठशाला खोल दी तो भी इससे कुछ काम न होगा। क्योंकि भारत में इतनी अधिक गरीबी है कि गरीब लड़के पाठशाला आने के बजाय खेतों में अपने माता-पिता को मदद देना या दूसरे किसी उपाय से रोटी कमाने का प्रयत्न करना अधिक पसंद करेंगे।

संपूर्ण भारत को शिक्षित करने का चिंतन जब स्वामी विवेकानंद करते हैं तो वे प्रत्येक उपाय पर विचार करते हैं। गाँव-गाँव, नगर-नगर घूम रहे साधु और संन्यासियों को भी वे उनका मूल काम याद दिलाने का प्रयास करते हैं। भारत को शिक्षित करने के अपने संकल्प को पूरा करने के लिए वे इन्हें शिक्षा अभियान से जोड़ने की बात करते हैं।

यदि गरीब लड़का शिक्षा के मंदिर तक न आ सके तो शिक्षा को ही उसके पास जाना चाहिए। हमारे देश में हजारों एकनिष्ठ और त्यागी साधु हैं, जो गाँव-गाँव धर्म की शिक्षा देते फिरते हैं। यदि उनमें से कुछ लोग सुनियंत्रित रूप से ऐहिक विषयों के भी शिक्षक बनाए जाएँ तो गाँव-गाँव, दर-दर जाकर वे केवल धर्मशिक्षा ही नहीं देंगे, बल्कि ऐहिक शिक्षा भी दिया करेंगे।

बहुत सोच-विचार के बाद मेरे मन ने तय किया है कि पहले मद्रास में धर्मशिक्षा के लिए एक विद्यालय खोलना ठीक होगा, फिर इसका कार्यक्षेत्र धीरे-धीरे बढ़ाया जाएगा। नवयुवकों को वेदों, विभिन्न भाष्यों और दर्शनों की पूरी शिक्षा देनी होगी, जगत् के अन्य धर्मों का ज्ञान भी इसमें शामिल होगा।

ऐहिक शिक्षा के साथ ही धर्मशिक्षा पर भी स्वामीजी का जोर था। वे विज्ञान की शिक्षा के साथ-साथ अध्यात्म की शिक्षा को भी अनिवार्य मानते थे। शिक्षा के विषय में समय-समय पर दिए गए उनके विचारों से यह परिलक्षित होता था। 3 जनवरी, 1895 को शिकागो से सर एस. सुब्रमण्यम अय्यर को भेजे पत्र में स्वामी विवेकानंद लिखते हैं—"बहुत सोच-विचार के बाद मेरे मन ने तय किया है कि पहले मद्रास में धर्मशिक्षा के लिए एक विद्यालय खोलना ठीक होगा, फिर इसका कार्यक्षेत्र धीरे-धीरे बढ़ाया जाएगा। नवयुवकों को वेदों, विभिन्न भाष्यों और दर्शनों की पूरी शिक्षा देनी होगी, जगत् के अन्य धर्मों का ज्ञान भी इसमें शामिल होगा।"

लेकिन हमने क्या किया? शिक्षा को धर्मविहीन कर दिया। सेकुलरिज्म के चक्कर में फँसकर हमने स्वामी विवेकानंद के विचारों को खूँटी पर टाँग दिया। शिक्षा को नैसर्गिक नहीं रहने दिया। यही कारण है कि आज अभिभावक, शिक्षक, राजनेता और प्रबुद्ध वर्ग

मूल्य आधारित शिक्षा की जरूरत महसूस कर रहे हैं। समाज की 'गति' देखकर धर्मविहीन, मूल्यहीन और असंवेदनशील शिक्षा में परिवर्तन की बात हर कोई कर रहा है।

स्वामी विवेकानंद के लिए धर्म अंग्रेजी का शब्द 'रिलीजन' नहीं था। स्वामीजी ने धर्म की व्याख्या उन नियमों और संहिताओं के रूप में की, जो प्रकृति में करोड़ों वर्षों से प्रचलित हैं। इसलिए देश की तथाकथित सेकुलर बिरादरी को धर्मशिक्षा की बात से बिदकने की जरूरत नहीं है। स्वामी विवेकानंद ने बार-बार बल दिया है कि धर्म ही भारत की आत्मा है। उन्होंने कहा है—"मैं धर्म को शिक्षा का सबसे आंतरिक सारतत्त्व मानता हूँ।" धर्मविहीन वर्तमान शिक्षा मनुष्य को डॉक्टर, इंजीनियर, टेक्नोक्रेट, ब्यूरोक्रेट आदि बनने के लिए प्रेरित करती है। जबकि वास्तव में मनुष्य की शिक्षा का उद्देश्य स्वयं को पहचानने का होना चाहिए।

> ***स्वामी विवेकानंद के लिए धर्म अंग्रेजी का शब्द 'रिलीजन' नहीं था। स्वामीजी ने धर्म की व्याख्या उन नियमों और संहिताओं के रूप में की, जो प्रकृति में करोड़ों वर्षों से प्रचलित हैं। इसलिए देश की तथाकथित सेकुलर बिरादरी को धर्मशिक्षा की बात से बिदकने की जरूरत नहीं है।***

यूनेस्को ने भी शिक्षा पर प्रकाशित अपनी रिपोर्ट का शीर्षक दिया था—'कुछ होने के लिए सीखना, न कि कुछ बनने के लिए सीखना।' स्वामीजी भी बार-बार कहते रहे कि विद्यार्थी को कुछ बनाने की जरूरत नहीं है। उसके भीतर सबकुछ है, बस उसे बाहर आने दो।

यह बात जग-जाहिर है कि एक समय में भारत शिक्षा के क्षेत्र में सबसे आगे था। भारत में विश्वविद्यालय जैसी संस्थाएँ थीं, जिनमें शिक्षा प्राप्त करने के लिए दुनिया भर से विद्यार्थी आते थे। नगरों में ही नहीं, ग्रामीण क्षेत्रों में भी पाठशालाएँ थीं।

भारतीयों ने चिंतन, अध्यात्म, सामाजिक विज्ञान, अर्थशास्त्र, कला ही नहीं, परंतु विज्ञान के क्षेत्र में भी अभूतपूर्व उपलब्धियाँ अर्जित की थीं। मैकाले की शिक्षा नीति के प्रभाव में आकर भारत ने शिक्षा के क्षेत्र में अपना नेतृत्व तो खोया ही, स्वाभिमान भी खो दिया।

स्वामी विवेकानंद लगातार भारतीयों से आग्रह करते रहे कि अपने को भेड़-बकरी होने का भ्रम दूर करो। खुद को पहचानो, तुम सिंह हो, अमृत के पुत्र हो। अत्यंत अल्पायु में बहुत-कुछ मार्गदर्शन देकर स्वामीजी चले गए। अब उनके मार्गदर्शन पर आगे बढ़ने का काम हमारा होना चाहिए। स्वामी विवेकानंद असल में शिक्षा किसे मानते थे? स्वामी विवेकानंद देवघर (वैद्यनाथ) से 23 दिसंबर, 1900 को एक बंगाली महिला को पत्र में लिखते हैं कि आखिर शिक्षा क्या है? क्या वह केवल कुछ पुस्तकों का पठन-पाठन ही है? नहीं। फिर क्या विविध विषयों का ज्ञान? वह भी नहीं है। शिक्षा तो वह है, जिसके सहारे इच्छाशक्ति का प्रवाह एवं उसकी अभिव्यक्ति संयत की जाती है। अब यह विचार कीजिए कि क्या वह शिक्षा कहलाने के योग्य है, जिसके फलस्वरूप इच्छाशक्ति पीढ़ियों से बलपूर्वक अनवरत अवरुद्ध होकर आज मृतप्राय हो रही है। जिसके प्रभाव से नवीन विचारों की कौन कहे, पुराने तक एक-एक करके विलुप्त होते जा रहे हैं? क्या वह शिक्षा है, जो धीरे-धीरे मनुष्य को मशीन बना दे रही है? मेरे विचार से यंत्रवत् अच्छे होने की अपेक्षा स्वतंत्र इच्छा और बुद्धि द्वारा प्रेरित होकर एक बार गलती भी कर लेना अधिक श्रेयस्कर है।

भारतीयों ने चिंतन, अध्यात्म, सामाजिक विज्ञान, अर्थशास्त्र, कला ही नहीं, परंतु विज्ञान के क्षेत्र में भी अभूतपूर्व उपलब्धियाँ अर्जित की थीं। मैकाले की शिक्षा नीति के प्रभाव में आकर भारत ने शिक्षा के क्षेत्र में अपना नेतृत्व तो खोया ही, स्वाभिमान भी खो दिया।

स्वामी विवेकानंद के विचार-दर्शन से होकर गुजरते हैं तो यह स्पष्ट होता है कि उनके विचारों का प्रमुख केंद्र जीविकोपार्जन की शिक्षा, तकनीकी ज्ञान और विज्ञान की शिक्षा नहीं था, वे सबसे पहले व्यक्ति के अंदर निहित क्षमताओं को उजागर करने की शिक्षा देना चाहते थे। वे तकनीकी ज्ञान और विज्ञान की शिक्षा के साथ-साथ चरित्र-निर्माण की शिक्षा पर अधिक बल देते थे। शिक्षा के संबंध में उनका महत्त्वपूर्ण कथन है—'शिक्षा मनुष्य में निहित संपूर्णता की अभिव्यक्ति है।'

स्वामी विवेकानंद के विचार-दर्शन से होकर गुजरते हैं तो यह स्पष्ट होता है कि उनके विचारों का प्रमुख केंद्र जीविकोपार्जन की शिक्षा, तकनीकी ज्ञान और विज्ञान की शिक्षा नहीं था, वे सबसे पहले व्यक्ति के अंदर निहित क्षमताओं को उजागर करने की शिक्षा देना चाहते थे।

भारत को जानना और भारत के पुनरुत्थान का कार्य करना स्वामीजी की प्राथमिकता में था, जिसके लिए उन्होंने हर चुनौती को स्वीकार किया। 2 नवंबर, 1893 को मद्रास के अपने शिष्य आलासिंगा पेरुमल को 11 सितंबर, 1893 के भाषण के संदर्भ में लिखे हुए पत्र में स्वामीजी लिखते हैं—"बाकी सभी प्रतिनिधि तैयारी के साथ आए थे और मैं बिना तैयारी के था। मैंने माता सरस्वती को प्रणाम किया और अपने भाषण की शुरुआत की।" और समय साक्षी है कि उसी भाषण ने भारत और भारतीयता को विश्व के सामने एक नए दृष्टिकोण से प्रस्तुत किया और इतिहास में दर्ज हुआ। स्वामीजी अपने भाषण में सभी संप्रदायों एवं मतों को हिंदुओं की ओर से सभी को कोटि-कोटि धन्यवाद देते हैं।

शिक्षा-दर्शन के आधारभूत सिद्धांत

- शिक्षा ऐसी हो, जिससे बालक का शारीरिक, मानसिक एवं आत्मिक विकास हो सके।

- शिक्षा ऐसी हो, जिससे बालक के चरित्र का निर्माण हो, मन का विकास हो, बुद्धि विकसित हो तथा बालक आत्मनिर्भर बने।
- बालक एवं बालिकाओं दोनों को समान शिक्षा देनी चाहिए।
- धार्मिक शिक्षा पुस्तकों द्वारा न देकर आचरण एवं संस्कारों द्वारा देनी चाहिए।
- पाठ्यक्रम में लौकिक एवं पारलौकिक दोनों प्रकार के विषयों को स्थान देना चाहिए।
- शिक्षा, गुरु-गृह में प्राप्त की जा सकती है।
- शिक्षक एवं छात्र का संबंध अधिक-से-अधिक निकट का होना चाहिए।
- सर्वसाधारण में शिक्षा का प्रचार एवं प्रसार किया जान चाहिए।
- देश की आर्थिक प्रगति के लिए तकनीकी शिक्षा की व्यवस्था की जाए।
- मानवीय एवं राष्ट्रीय शिक्षा परिवार से ही शुरू करनी चाहिए।
- शिक्षा ऐसी हो, जो सीखनेवाले को जीवन संघर्ष से लड़ने की शक्ति दे।

शिक्षा का मतलब यह नहीं है कि तुम्हारे दिमाग में ऐसी बहुत सी बातें इस तरह ठूँस दी जाएँ, जो आपस में लड़ने लगो और तुम्हारा दिमाग उन्हें जीवन भर हजम न कर सके। जिस शिक्षा से हम अपना जीवन-निर्माण कर सकें, मनुष्य बन सकें, चरित्र-गठन कर सकें और विचारों का सामंजस्य कर सकें, वही वास्तव में शिक्षा कहलाने योग्य है।

यदि तुम पाँच ही भावों को हजम कर तदनुसार जीवन और चरित्र गठित कर सके हो तो तुम्हारी शिक्षा उस आदमी की अपेक्षा बहुत अधिक है, जिसने एक पूरी-की-पूरी लाइब्रेरी ही कंठस्थ कर ली है। किसी भी देश की उन्नति—फिर चाहे वह अर्थव्यवस्था में हो या आध्यात्मिक

में—स्वामीजी शिक्षा की भूमिका केंद्रीय मानते थे। भारत तथा पश्चिम के बीच के अंतर को वे इसी दृष्टि से वर्णित करते हुए कहते हैं—

"केवल शिक्षा! शिक्षा! शिक्षा! यूरोप के बहुतेरे नगरों में घूमकर और वहाँ के गरीबों के भी अमन, चैन और विद्या को देखकर हमारे गरीबों की बात याद आती थी और मैं आँसू बहाता था। यह अंतर क्यों हुआ? जवाब पाया—शिक्षा!

स्वामी विवेकानंद का विचार था कि उपयुक्त शिक्षा के माध्यम से व्यक्तित्व विकसित होना चाहिए और चरित्र की उन्नति होनी चाहिए। सन् 1800 में लॉस एंजिल्स कैलिफोर्निया में दिए गए एक व्याख्यान में स्वामीजी यही बात सामने रखते हैं—

"हमारी सभी प्रकार की शिक्षाओं का उद्देश्य तो मनुष्य के इसी व्यक्तित्व का निर्माण होना चाहिए। परंतु इसके विपरीत हम केवल बाहर से पॉलिश करने का ही प्रयत्न करते हैं। यदि भीतर कुछ सार न हो तो बाहरी रंग चढ़ाने से क्या लाभ? शिक्षा का लक्ष्य अथवा उद्देश्य तो मनुष्य का विकास ही है।"

"हमारी सभी प्रकार की शिक्षाओं का उद्देश्य तो मनुष्य के इसी व्यक्तित्व का निर्माण होना चाहिए। परंतु इसके विपरीत हम केवल बाहर से पॉलिश करने का ही प्रयत्न करते हैं। यदि भीतर कुछ सार न हो तो बाहरी रंग चढ़ाने से क्या लाभ? शिक्षा का लक्ष्य अथवा उद्देश्य तो मनुष्य का विकास ही है।"

सरल भाषा में स्वामी विवेकानंदजी का कहना था कि यदि आपकी शिक्षा दिखावे की होगी तो आप कभी भी अच्छे व कुशल व्यक्ति नहीं बन सकते। यदि आपकी शिक्षा अपने जीवन को सरल बनाने के लिए अच्छे से की गई होगी तो आपको कोई भी पीछे नहीं कर सकता।

गुरुदेव रवींद्रनाथ टैगोर ने एक बार कहा था—"यदि आप भारत को जानना चाहते हैं तो विवेकानंद को पढ़िए, उनमें आप सबकुछ

सकारात्मक ही पाएँगे, नकारात्मक कुछ भी नहीं।"

रोमाँ रोला ने कहा था—"उनके द्वितीय होने की कल्पना करना भी असंभव है, वे जहाँ भी गए, सर्वप्रथम ही रहे। हर कोई उनमें अपने नेता का दर्शन करता है। वे ईश्वर के प्रतिनिधित्व थे और सब पर प्रभुत्व प्राप्त कर लेना ही उनकी विशेषता थी।"

> ***अमेरिका से आते वक्त उन्होंने देशवासियों को बुलाया और कहा—"नया भारत निकल पड़े मोची की दुकान से, भाई-भुंजे के भाड़ से, कारखाने से, हाट से, बाजार से, निकल पड़े झाड़ियों, जंगलों, पहाड़ों, पर्वतों से।" उनके उत्तर में जनता ने कहा कि वह गर्व के साथ निकल पड़ी है। गांधीजी को आजादी के समय सबसे ज्यादा जनसमर्थन की मजबूती स्वामीजी की तरफ से ही मिली ली।***

हिमालय प्रदेश में एक बार एक अनजान यात्री उन्हें देख ठिठककर रुक गया और चिल्लाकर बोला, 'शिव।' यह ऐसा हुआ, मानो उस व्यक्ति के ईश्वर ने अपना नाम माथे पर लिख दिया हो।

अमेरिका से आते वक्त उन्होंने देशवासियों को बुलाया और कहा—"नया भारत निकल पड़े मोची की दुकान से, भाई–भुंजे के भाड़ से, कारखाने से, हाट से, बाजार से, निकल पड़े झाड़ियों, जंगलों, पहाड़ों, पर्वतों से।" उनके उत्तर में जनता ने कहा कि वह गर्व के साथ निकल पड़ी है।

गांधीजी को आजादी के समय सबसे ज्यादा जनसमर्थन की मजबूती स्वामीजी की तरफ से ही मिली।

उनका विश्वास था कि पवित्र भारतवर्ष धर्म एवं दर्शन की पुण्यभूमि है। यहीं बड़े–बड़े महात्माओं व ऋषियों का जन्म हुआ है, यही संन्यास एवं त्याग की भूमि है तथा यहीं केवल यहीं—आदिकाल से लेकर आज तक मनुष्य के लिए जीवन के सर्वोच्च आदर्श एवं मुक्ति का द्वार खुला हुआ है।

स्वामीजी का कहना था कि उन्नीसवीं सदी के अंतिम वर्षों में लगभग सशस्त्र या हिंसक क्रांति के जरिए भी देश को आजाद कराया जा सकता है, मगर उनको यह विश्वास हो गया कि स्थितियाँ उनके विरुद्ध हैं।

उसके बाद स्वामीजी ने 'एकला चलो' की नीति का पालन किया। एक परिव्राजक के रूप में भारत और दुनिया को खँगाल डाला।

स्वामीजी ने कहा कि मुझे बहुत से युवा संन्यासी चाहिए, जो भारत के गाँवों में फैलकर देशवासियों की सेवा में लग जाएँ। उनका यह सपना पूरा न हो सका।

> ***उसके बाद स्वामीजी ने 'एकला चलो' की नीति का पालन किया। एक परिव्राजक के रूप में भारत और दुनिया को खँगाल डाला।***
> ***स्वामीजी ने कहा कि मुझे बहुत से युवा संन्यासी चाहिए, जो भारत के गाँवों में फैलकर देशवासियों की सेवा में लग जाएँ। उनका यह सपना पूरा न हो सका।***

विवेकानंद पुरोहितवाद, धार्मिक आडंबरों, कठमुल्लापन और रूढ़ियों के सख्त खिलाफ थे। उन्होंने धर्म को मनुष्य की सेवा के केंद्र में रखकर ही आध्यात्मिक चिंतन किया।

उन्होंने एक बयान में कहा था कि तैंतीस करोड़ भूखे, गरीब और कुपोषण के शिकार लोगों को ईश्वर की तरह मंदिरों में स्थापित कर दिया जाए और मंदिरों से देवी-देवताओं की मूर्तियों को हटा दिया जाए।

इस बयान की वजह से पूरे पुरोहित वर्ग की घिग्घी बँध गई थी।

स्वामीजी ने कहा कि धरती की गोद में यदि ऐसा कोई देश है, जिसने मनुष्य की हर तरह से बेहतरी के लिए ईमानदार कोशिश की है तो वह भारत ही है।

जीवन के आखिरी दिनों में स्वामी ने शुक्ल यजुर्वेद की व्याख्या की

और कहा—"एक और विवेकानंद चाहिए, यह समझने के लिए कि इस विवेकानंद ने अब तक क्या किया है।"

वे कहते हैं कि तुम्हें कोई पढ़ा नहीं सकता, कोई आध्यात्मिक नहीं बना सकता। तुमको सबकुछ खुद अंदर से सीखना है। आत्मा से अच्छा कोई शिक्षक नहीं है।

बाहरी स्वभाव केवल अंदरूनी स्वभाव का बड़ा रूप है। विश्व एक विशाल व्यायामशाला है, जहाँ हम खुद को मजबूत बनाने के लिए आते हैं। दिल और दिमाग के टकराव में दिल की सुनो। शक्ति जीवन है, निर्बलता मृत्यु है। विस्तार जीवन है, संकुचन मृत्यु है। प्रेम जीवन है, द्वेष मृत्यु है।

किसी दिन, जब आपके सामने कोई समस्या न आए, आप सुनिश्चित हो सकते हैं कि आप गलत मार्ग पर चल रहे हैं। एक समय में एक काम करो और ऐसा करते समय अपनी पूरी आत्मा उसमें डाल दो और बाकी सबकुछ भूल जाओ। जब तक जीना, तब तक सीखना। अनुभव ही जगत् में सर्वश्रेष्ठ शिक्षक है।

किसी दिन, जब आपके सामने कोई समस्या न आए, आप सुनिश्चित हो सकते हैं कि आप गलत मार्ग पर चल रहे हैं। एक समय में एक काम करो और ऐसा करते समय अपनी पूरी आत्मा उसमें डाल दो और बाकी सबकुछ भूल जाओ। जब तक जीना, तब तक सीखना। अनुभव ही जगत् में सर्वश्रेष्ठ शिक्षक है।

जब तक आप खुद पर विश्वास नहीं करते, तब तक आप भगवान् पर विश्वास नहीं कर सकते। जो अग्नि हमें गरमी देती है, हमें नष्ट भी कर सकती है, यह अग्नि का दोष नहीं है। चिंतन करो, चिंता नहीं, नए विचारों को जन्म दो। हम वो हैं, जो हमें हमारी सोच ने बनाया है, इसलिए इस बात का ध्यान रखिए कि आप क्या सोचते हैं। शब्द गौण हैं। विचार रहते हैं, वे दूर तक यात्रा करते हैं।

जैसा तुम सोचते हो, वैसे ही बन जाओगे। खुद को निर्बल मानोगे तो निर्बल और सबल मानोगे तो सबल ही बन जाओगे। कुछ मत पूछो, बदले में कुछ मत माँगो। जो देना है, वह दो, वह तुम तक वापस आएगा, पर उसके बारे में अभी मत सोचो। जो कुछ भी तुमको कमजोर बनाता है—शारीरिक, बौद्धिक या मानसिक—उसे जहर की तरह त्याग दो।

वेदांत कोई पाप नहीं जानता, वह केवल त्रुटि जानता है। और वेदांत कहता है कि सबसे बड़ी त्रुटि यह कहना है कि तुम कमजोर हो, तुम पापी हो, एक तुच्छ प्राणी हो, और तुम्हारे पास कोई शक्ति नहीं है और तुम ये-वो नहीं कर सकते।

किसी की निंदा न करें। अगर आप मदद के लिए हाथ बढ़ा सकते हैं तो जरूर बढ़ाएँ। अगर नहीं बढ़ा सकते तो अपने हाथ जोड़िए, अपने भाइयों को आशीर्वाद दीजिए और उन्हें उनके मार्ग पर जाने दीजिए। यही दुनिया है; यदि तुम किसी का उपकार करो तो लोग उसे कोई महत्त्व नहीं देंगे, किंतु ज्यों ही तुम उस कार्य को बंद कर दोगे, वे तुरंत तुम्हें बदमाश प्रमाणित करने में नहीं हिचकिचाएँगे। मेरे जैसे भावुक व्यक्ति अपने सगे-स्नेहियों द्वारा ठगे जाते हैं।

किसी की निंदा न करें। अगर आप मदद के लिए हाथ बढ़ा सकते हैं तो जरूर बढ़ाएँ। अगर नहीं बढ़ा सकते तो अपने हाथ जोड़िए, अपने भाइयों को आशीर्वाद दीजिए, और उन्हें उनके मार्ग पर जाने दीजिए। यही दुनिया है; यदि तुम किसी का उपकार करो तो लोग उसे कोई महत्त्व नहीं देंगे, किंतु ज्यों ही तुम उस कार्य को बंद कर दोगे, वे तुरंत तुम्हें बदमाश प्रमाणित करने में नहीं हिचकिचाएँगे।

सच्ची सफलता और आनंद का सबसे बड़ा रहस्य यह है—वह पुरुष या स्त्री, जो बदले में कुछ नहीं माँगता। पूर्ण रूप से निस्स्वार्थ

व्यक्ति सबसे सफल है। क्या तुम नहीं अनुभव करते कि दूसरों के ऊपर निर्भर रहना बुद्धिमानी नहीं है। बुद्धिमान व्यक्ति को अपने ही पैरों पर दृढ़तापूर्वक खड़े होकर कार्य करना चाहिए। धीरे-धीरे सबकुछ ठीक हो जाएगा। जब लोग तुम्हें गाली दें तो तुम उन्हें आशीर्वाद दो। सोचो, तुम्हारे झूठे दंभ को बाहर निकालकर वे तुम्हारी कितनी मदद कर रहे हैं।

जो सत्य है, उसे साहसपूर्वक निर्भीक होकर लोगों से कहो, उससे किसी को कष्ट होता है या नहीं, इस ओर ध्यान मत दो। दुर्बलता को कभी प्रश्रय मत दो। सत्य की ज्योति 'बुद्धिमान' मनुष्यों के लिए यदि अत्यधिक मात्रा में प्रखर प्रतीत होती है और उन्हें बहा ले जाती है तो ले जाने दो; वे जितना शीघ्र बह जाएँ, उतना ही अच्छा है। यदि स्वयं में विश्वास करना और अधिक विस्तार से पढ़ाया तथा अभ्यास कराया गया होता तो मुझे यकीन है कि बुराइयों और दुःख का एक बहुत बड़ा हिस्सा गायब हो गया होता।

स्वामी विवेकानंद का जन्म दिवस 12 जनवरी को हर साल युवा दिवस के रूप में मनाया जाता है। उनके विचार ऐसे हैं कि निराश व्यक्ति भी अगर उन्हें पढ़े तो उसे जीवन जीने का एक नया मकसद मिल सकता है।

□

10

स्वामी विवेकानंद : सारत्व

"जो तुम सोचते हो, वह हो जाओगे। यदि तुम खुद को कमजोर समझते हो तो तुम कमजोर हो जाओगे और अगर खुद को ताकतवर समझते हो तो तुम ताकतवर हो जाओगे।"

अच्छे व्यक्तित्व का निर्माण

अपनी इच्छाशक्ति को दृढ़, अमोघ बनाने के लिए किसी भी विचार में लिप्त होने से पहले या कोई भी बात कहने से पहले या कोई भी दैहिक क्रिया करने से पहले, चाहे वे कितनी भी नगण्य क्यों न प्रतीत होती हों, हर पल सावधान रहते हुए, किसी भी रूप में उन्हें पहचान लेने के लिए निरंतर सतर्क दृष्टि बनाए रखो कि अपने विचार, कर्म या वाणी से तुम जैसा भी कर्म करने जा रहे हो, उसकी तुम्हारे मन पर छाप कैसी पड़ेगी, उसके दूरगामी परिणामों का अनुमान लगा लो कि क्या यह कृत्य करना मेरे लिए हितकर है, क्या इसके द्वारा मुझे कई गुणों को विकसित करने में सहायता मिल सकती है?

अगर तुम इन सभी अवसरों पर अपने विचारों, कृत्यों और वाणी को अपने नियंत्रण में रख सकते हो तथा स्वयं को केवल उन्हीं चीजों को करने की अनुमति देते हो, आगे चलकर आत्मविकास के लिए अनुकूल

होगा तो फिर प्रकृति के भीतर या बाहर ऐसी कोई शक्ति नहीं है, जो तुम्हें एक अच्छा व्यक्तित्व प्राप्त करने से रोक सकता हो।

एक अंतर्निहित शक्ति अपने को अभिव्यक्त करना चाह रही है; किंतु बाहरी परिवेश तथा परिस्थितियाँ मानो उसको दबाए रखना चाहती हैं। उन समस्त परिवेश के दबाव का अतिक्रम करके आत्मविकास करने और अंतर्निहित दिव्यता को प्रस्फुटित करने का नाम ही जीवन है।

अपना तथा समाज का कल्याण करने के लिए अपनी पूर्ण क्षमता का उपयोग करने की सर्वोच्च दक्षता, तुम्हें ऐसा व्यक्तित्व ही प्रदान करता है। जीवन का वास्तविक स्वाद अन्य लोग नहीं, केवल वही व्यक्ति ले पाता है, जिसने एक अच्छे व्यक्तित्व का निर्माण कर लिया हो। जो ऐसा सोचते हैं कि चरित्र की कोई परवाह किए बिना ही वे भी जीवन का आनंद उठा रहे हैं या रस भोग रहे हैं; वास्तव में वे अपने बहुमूल्य मानव जीवन को केवल नष्ट कर रहे होते हैं।

जीवन-गठन या मनुष्य बनने के लिए श्रद्धा

एक अंतर्निहित शक्ति अपने को अभिव्यक्त करना चाह रही है; किंतु बाहरी परिवेश तथा परिस्थितियाँ मानो उसको दबाए रखना चाहती हैं। उन समस्त परिवेश के दबाव का अतिक्रम करके आत्मविकास करने और अंतर्निहित दिव्यता को प्रस्फुटित करने का नाम ही जीवन है।

जीवित रहने से समस्याएँ भी रहती हैं। जिसमें जीवन नहीं है, उसके लिए कोई समस्या नहीं होती। यदि सूर्य के तापमान का कोई प्रभाव जीवन के ऊपर नहीं पड़ता तो उसका तापमान घट रहा है या नहीं? इस बात को लेकर हम लोग चिंतित भी नहीं होते। जीवन को विकसित तथा प्रकाशित होने में जो बाधक होता है, जीवन की संभावना को जो संकुचित करता

है, जिसके कारण जीवनपथ पर गतिशील रहने में बाधाएँ आती हैं, उसी को समस्या कहते हैं। इसके अतिरिक्त जहाँ जीवन होता है, उसके साथ समस्याएँ भी जुड़ी रहती हैं।

इस देश में पुनः एक बार सच्ची श्रद्धा के भाव को जाग्रत् करना होगा, हमारे सोए हुए आत्मविश्वास को जगाना होगा, तभी आज देश के सामने जो समस्याएँ हैं, उनका समाधान स्वयं हमारे द्वारा ही हो सकेगा।

'किन्नाम रोदिसि सखे त्वयि सर्वशक्तिः!'—"हे सखे, तुम रोते क्यों हो? तुम्हारे भीतर ही तो समस्त शक्तियाँ अंतर्निहित हैं। इस सच्चाई को जान लो और उस शक्ति-अभिव्यक्त करो।" लोग कहते हैं कि इस पर विश्वास करो, उस पर विश्वास करो, मैं कहता हूँ, पहले अपने आप पर विश्वास करो। कहो, मैं सबकुछ कर सकता हूँ।

'किन्नाम रोदिसि सखे त्वयि सर्वशक्तिः!'—"हे सखे, तुम रोते क्यों हो? तुम्हारे भीतर ही तो समस्त शक्तियाँ अंतर्निहित हैं। इस सच्चाई को जान लो और उस शक्ति को अभिव्यक्त करो।" लोग कहते हैं कि इस पर विश्वास करो, उस पर विश्वास करो, मैं कहता हूँ, पहले अपने आप पर विश्वास करो। कहो, मैं सबकुछ कर सकता हूँ। 'आत्म्वैही प्रभवते न जडः कदाचित'—जड़ की कोई शक्ति नहीं—प्रबल शक्ति आत्मा की ही है। शरीराभिमान छोड़कर खड़े हो जाओ। छाती पर हाथ रखकर कहो—'अस्ति अस्ति',…

समस्त वेद यही शिक्षा देते हैं—निराश मत होना, मार्ग बड़ा कठिन है—छुरे की धार पर चलने के समान दुर्गम है; फिर भी निराश न होना, उठो! जागो! और अपने उद्‌देश्य को प्राप्त किए बिना विश्राम मत लो!

कहो कि मैं अभी जिन कष्टों को भोग रहा हूँ, वे मेरे ही द्वारा किए हुए कर्मों के फल हैं। इसके द्वारा यही प्रमाणित होता है कि ये सारे दुःख-

कष्ट मेरे ही द्वारा दूर भी किए जा सकते हैं। अनंत भविष्य तुम्हारे सामने पड़ा है। सदैव याद रखना, तुम्हारा प्रत्येक विचार, प्रत्येक कार्य संचित रहेगा, जिस प्रकार तुम्हारे द्वारा किया गया कोई असत् विचार और असत् कार्य तुम्हारे ऊपर बाघ के जैसा झपट्टा मारने को उद्दत है, उसी प्रकार तुम्हारा सद्चिंतन और सत्कार्य भी हजारों देवताओं की शक्ति लेकर सदैव तुम्हारी रक्षा करने को तैयार खड़ा है।

शक्तियों का सदुपयोग करने का नाम पुण्य

किसी एक ही वस्तु को एक प्रकार से व्यवहार करने का नाम पाप और अन्य प्रकार से व्यवहार करने का नाम पुण्य है। जैसे इस दीपक की ज्योति के कारण हम लोग देख पा रहे हैं और कितने कार्य कर रहे हैं, दीपक का ऐसा सदुपयोग हो रहा है। अब इसी दीपक के ऊपर हाथ रखो, हाथ जल जाएगा।

आत्मसंयम, अनुशासन, ब्रह्मचर्य का प्रशिक्षण देकर युवा शक्ति का सदुपयोग किया जा सकता है। शक्ति का दुरुपयोग करना समस्या है और शक्ति का सदुपयोग करना समाधान है। युवा शक्ति का दुरुपयोग होना या दुरुपयोग होने की संभावना का बने रहना ही समस्या है और इस शक्ति का सदुपयोग करना ही समस्या का समाधान है।

किसी एक ही वस्तु को एक प्रकार से व्यवहार करने का नाम पाप और अन्य प्रकार से व्यवहार करने का नाम पुण्य है। जैसे इस दीपक की ज्योति के कारण हम लोग देख पा रहे हैं और कितने कार्य कर रहे हैं, दीपक का ऐसा सदुपयोग हो रहा है। अब इसी दीपक के ऊपर हाथ रखो, हाथ जल जाएगा। यहाँ दीपक का व्यवहार दूसरे ढंग से हुआ, इसलिए व्यवहार करने के तरीके के अनुसार ही कोई चीज भली-बुरी बन जाती है। अपने शरीर और

मन की शक्तियों का सदुपयोग करने का नाम पुण्य है एवं दुरुपयोग करने का नाम पाप है।

अपवित्र चिंतन या कामुक विचार और कल्पना अपवित्र कार्य करने जैसा ही दोषपूर्ण है। वासनात्मक इच्छाओं का दमन करने से सर्वोत्तम फल की प्राप्ति होती है। कामप्रवृत्ति को आध्यात्मिक शक्ति में रूपांतरित करो, किंतु स्वयं को पौरुषहीन मत बनाओ; क्योंकि वैसा करने से केवल शक्ति की बरबादी होती है। यह शक्ति जितनी प्रबल रहेगी, इसके द्वारा उतना अधिक कार्य संपन्न हो सकेगा। ब्रह्मचर्यवान व्यक्ति के मस्तिष्क में प्रबल शक्ति-असाधारण इच्छाशक्ति संचित रहती है।

ब्रह्मचर्य : आध्यात्मिक व भौतिक विकास की नींव

आध्यात्मिक व भौतिक विकास की नींव ब्रह्मचर्य है। अतः परमात्मा से प्रार्थना करें कि वे सद्बुद्धि दें व सन्मार्ग की ओर मोड़ें। यदि आप दुनिया में सुख-शांति चाहते हो तो अंतःकरण को पवित्र व शुद्ध रखो। जो मनुष्य वीर्य की रक्षा कर सकेंगे, वे ही सुख व आराम का जीवन बिता सकेंगे और दुनिया में उन्हीं लोगों का नाम सूर्य के प्रकाश की तरह चमकेगा।

आध्यात्मिक व भौतिक विकास की नींव ब्रह्मचर्य है। अतः परमात्मा से प्रार्थना करें कि वे सद्बुद्धि दें व सन्मार्ग की ओर मोड़ें। यदि आप दुनिया में सुख-शांति चाहते हो तो अंतःकरण को पवित्र व शुद्ध रखो। जो मनुष्य वीर्य की रक्षा कर सकेंगे, वे ही सुख व आराम का जीवन बिता सकेंगे और दुनिया में उन्हीं लोगों का नाम सूर्य के प्रकाश की तरह चमकेगा।

हम ब्रह्मचर्य का पालन कैसे कर सकते हैं? बड़े-बड़े ऋषि-मुनि भी इस रास्ते पर फिसल पड़ते हैं? इस प्रकार के हीन विचारों को तिलांजलि दे दो और अपने

संकल्पबल को बढ़ाओ। शुभ संकल्प करो। जैसा आप सोचते हो, वैसे ही आप हो जाते हो। यह सारी सृष्टि ही संकल्पमय है। दृढ़ संकल्प करने से वीर्यरक्षण में मदद होती है और वीर्यरक्षण से संकल्पबल बढ़ता है। 'विश्वासो फलदायकः।' जैसा विश्वास और जैसी श्रद्धा होगी, वैसा ही फल प्राप्त होगा।

ब्रह्मज्ञानी महापुरुषों में यह संकल्पबल असीम होता है। वस्तुतः ब्रह्मचर्य की तो वे जीती-जागती मूर्ति ही होते हैं। स्त्री जाति के प्रति मातृभाव प्रबल करो। किसी सुंदर स्त्री पर नजर पड़ जाए तो उसमें माँ जगदंबा के दर्शन करो। ऐसा विचार करो कि यह अवश्य देवी का अवतार है, तभी तो इसमें इतना सौंदर्य है। माँ प्रसन्न होकर इस रूप में दर्शन दे रही है। ऐसा समझकर सामने खड़ी स्त्री को मन-ही-मन प्रणाम करो। इससे तुम्हारे भीतर काम विकार नहीं उठ सकेगा।

ब्रह्मज्ञानी महापुरुषों में यह संकल्पबल असीम होता है। वस्तुतः ब्रह्मचर्य की तो वे जीती-जागती मूर्ति ही होते हैं। स्त्री जाति के प्रति मातृभाव प्रबल करो। किसी सुंदर स्त्री पर नजर पड़ जाए तो उसमें माँ जगदंबा के दर्शन करो। ऐसा विचार करो कि यह अवश्य देवी का अवतार है, तभी तो इसमें इतना सौंदर्य है।

मन पर नियंत्रण : जीवन सफल

मन का दमन कठिन है, जानकर भी हताश न होना। सर्वप्रथम हम लोगों को यह स्पष्ट रूप से जान लेना होगा कि यदि अपने जीवन में सफलता अर्जित करनी हो, यदि जीवन को सार्थक करना हो या जीवन-लक्ष्य को (या चार पुरुषार्थों में से किसी पुरुषार्थ को) प्राप्त करना हो, उसमें सबसे प्रमुख भूमिका मन की ही होती है। वशीभूत मन की सहायता से जीवन के सभी क्षेत्रों में सफलता अर्जित की जा सकती है।

गीता में अर्जुन श्रीकृष्ण से कहते हैं—

चंचलं हि मनः कृष्ण प्रमाथि बलवद्दृढ़म्।
तस्याहं निग्रहं मन्ये वायोरिव सुदुष्करम्॥

क्योंकि हे कृष्ण, मन बड़ा ही चंचल, प्रमथनशील, दृढ़ (इंद्रियों को मथ देनेवाला जिद्दी) और बलवान है। उसका निग्रह करना, मैं वायु को मुट्ठी में पकड़ने की तरह अत्यंत कठिन मानता हूँ।

श्रद्धा, साहस, निर्भीकता, निस्स्वार्थपरता, त्याग और सेवा—केवल इन पाँच भावों को जीवन में धारण कर लेने से मन को पूरी तरह से जीतकर उसका प्रभु बना जा सकता है! अर्जुन को भी दुर्दांत मन को वशीभूत करने की तकनीक बताते हुए भगवान् श्रीकृष्ण गीता में कहते हैं, पहले तो तुम हताश मत होओ! मन कोई डॉन नहीं है! मन को पकड़ना मुश्किल तो है, किंतु नामुमकिन नहीं!

श्रद्धा, साहस, निर्भीकता, निस्स्वार्थपरता, त्याग और सेवा—केवल इन पाँच भावों को जीवन में धारण कर लेने से मन को पूरी तरह से जीतकर उसका प्रभु बना जा सकता है! अर्जुन को भी दुर्दांत मन को वशीभूत करने की तकनीक बताते हुए भगवान् श्रीकृष्ण गीता में कहते हैं, पहले तो तुम हताश मत होओ! मन कोई डॉन नहीं है! मन को वश में करना मुश्किल तो है, किंतु नामुमकिन नहीं!

असंशयं महाबाहो मनो दुर्निग्रहं चलम्।
अभ्यासेन तु कौन्तेय वैराग्येण च गृह्यते॥

श्रीकृष्ण कहते हैं कि हे महाबाहो! यह मन बड़ा चंचल है और इसका निग्रह करना भी बड़ा कठिन है, यह तुम्हारा कहना बिल्कुल ठीक है। परंतु हे कुंतीनंदन! अभ्यास और वैराग्य द्वारा इसका निग्रह किया जाता है।

हम लोगों को यह बात अच्छी तरह से समझ में आ जानी चाहिए कि भले हम विद्वान् नहीं हों, धनवान नहीं हों, भोग-ऐश्वर्य के अधिकारी भी नहीं हों, तो भी हमारा जीवन विफल नहीं होगा, किंतु

यदि हम अपने मन के ऊपर नियंत्रण स्थापित नहीं कर सके तो हम लोगों का जीवन अवश्य विफल हो जाएगा। किंतु केवल इसी एकमात्र कौशल को—मन:संयोग की तकनीक को सीख लेने से हम लोगों का जीवन सार्थक हो जाएगा।

स्वामी विवेकानंद हिंदू, मुसलमान और ईसाई आदि किसी में भेद नहीं मानते थे। विश्व धर्म-सम्मेलन में उन्होंने सभी धर्मों की सत्यता में विश्वास व्यक्त किया। उन्हें जितने वेद मान्य थे, उतने ही उपनिषद्, पुराण, महाभारत आदि भी मान्य थे। उन्हें ईश्वर के निराकार रूप की उपासना में जितनी रुचि थी, उतनी ही साकार रूप में थी। उन्होंने धार्मिक उदारता, समानता और सहयोग पर बल दिया। उन्होंने धार्मिक झगड़ों का मूल कारण बाहरी चीजों पर अधिक बल देना बताया है। सिद्धांत, धार्मिक क्रियाएँ, पुस्तकें, मसजिद और गिरजे आदि, जिनके विषय में मतभेद हैं, केवल साधन मात्र हैं। इस कारण इन पर अधिक बल नहीं देना चाहिए।

स्वामी विवेकानंद हिंदू, मुसलमान और ईसाई आदि किसी में भेद नहीं मानते थे। विश्व धर्म सम्मेलन में उन्होंने सभी धर्मों की सत्यता में विश्वास व्यक्त किया। उन्हें जितने वेद मान्य थे, उतने ही उपनिषद्, पुराण, महाभारत आदि भी मान्य थे। उन्हें ईश्वर के निराकार रूप की उपासना में जितनी रुचि थी, उतनी ही साकार रूप में थी। उन्होंने धार्मिक उदारता, समानता और सहयोग पर बल दिया।

उन्होंने धर्म की व्याख्या करते हुए कहा—"धर्म मनुष्य के भीतर निहित देवत्व का विकास है, धर्म न तो पुस्तकों में है, न धार्मिक सिद्धांतों में। यह केवल अनुभूति में निवास करता है।"

उन्होंने कहा कि मनुष्य सर्वत्र अन्न ही खाता है, किंतु देश-देश में

अन्न से भोजन तैयार करने की विधियाँ अनेक हैं। इसी प्रकार धर्म मनुष्य की आत्मा का भोजन है और देश-देश में उसके भी अनेक रूप हैं। इससे यह स्पष्ट है कि सभी धर्मों में मूलभूत एकता है, यद्यपि उसके स्वरूप भिन्न हैं।

उन्होंने अन्य धर्म-प्रचारकों को बताया कि भारत ही ऐसा देश है, जहाँ कभी धार्मिक भेदभाव नहीं हुआ। उन्होंने यह भी स्पष्ट किया कि धर्म-परिवर्तन से कोई लाभ नहीं है, क्योंकि प्रत्येक धर्म का लक्ष्य समान है। उन्होंने ईसाई धर्म के अनुयायियों को स्पष्ट किया कि भारत में ईसाई धर्म के प्रचार से उतना लाभ नहीं हो सकता, जितना पश्चिमी औद्योगिक तकनीकी तथा आर्थिक ज्ञान से हो सकता है। भारत पर विजय राजनीतिक हो सकती है, सांस्कृतिक नहीं।

इसके साथ ही स्वामीजी ने हिंदू धर्म की महानता का प्रदर्शन कर भारत का मस्तक गौरव से ऊँचा किया। उन्होंने हिंदू धर्म को 'सत्यम् शिवम् सुंदरम्' पर आधारित बताया। उन्होंने प्रत्येक को इस बात का संदेश दिया कि हिंदू राष्ट्र विश्व का शिक्षक रहा है और भविष्य में रहेगा भी। प्रत्येक हिंदू को अपने धर्म और संस्कृति की रक्षा करनी चाहिए।

इसके साथ ही स्वामीजी ने हिंदू धर्म की महानता का प्रदर्शन कर भारत का मस्तक गौरव से ऊँचा किया। उन्होंने हिंदू धर्म को 'सत्यम् शिवम् सुंदरम्' पर आधारित बताया। उन्होंने प्रत्येक को इस बात का संदेश दिया कि हिंदू राष्ट्र विश्व का शिक्षक रहा है और भविष्य में रहेगा भी। प्रत्येक हिंदू को अपने धर्म और संस्कृति की रक्षा करनी चाहिए। इन सबके साथ ही पाश्चात्य शिक्षा को भी अपनाना चाहिए। उन्होंने वेदांत दर्शन के सत्य की सुंदर ढंग से व्याख्या की और बताया कि वेदांत की आध्यात्मिकता के बल पर भारत सारे विश्व को जीत सकता है।

विवेकानंद ने बताया कि ईश्वर या ब्रह्म से साक्षात्कार करने के लिए

सांसारिक जीवन से विमुख होना अनुचित है। उन्होंने दृढ़तापूर्वक कहा कि सच्ची ईश्वरोपासना यह है कि हम अपने मानव बंधुओं की सेवा में अपने आप को लगा दें। उन्होंने दीन-दु:खी तथा दरिद्र मानव को ईश्वर का रूप बताया और उसके लिए 'दरिद्रनारायण' शब्द का प्रयोग किया। जब पड़ोसी भूखा हो, तब मंदिर में भोग चढ़ाना पुण्य नहीं, बल्कि पाप है। स्वामीजी की इन घोषणाओं ने धार्मिक क्षेत्र में एक महान् क्रांति उत्पन्न कर दी। जो लोग पश्चिम की भौतिकता तथा बुद्धिवाद से प्रभावित होकर ईसाइयत अथवा नास्तिकता की ओर दौड़ रहे थे, उनकी आँखें खुल गईं। लोगों में मानसिक दासता तथा आत्महीनता की भावना समाप्त होकर उनमें आत्मगौरव की भावना जाग्रत् हुई।

स्वामीजी की यह स्पष्ट मान्यता थी कि धर्मों की विभिन्नता स्वाभाविक है और आवश्यकता भी। उन्होंने कहा था कि तुम सभी व्यक्तियों की विचारधारा को एक नहीं कर सकते, यह सत्य है और मैं इसके लिए ईश्वर को धन्यवाद देता हूँ। विचारों की भिन्नता और संघर्ष से ही नवीन विचार जन्म लेते हैं।

स्वामीजी की यह स्पष्ट मान्यता थी कि धर्मों की विभिन्नता स्वाभाविक है और आवश्यकता भी। उन्होंने कहा था कि तुम सभी व्यक्तियों की विचारधारा को एक नहीं कर सकते, यह सत्य है और मैं इसके लिए ईश्वर को धन्यवाद देता हूँ। विचारों की भिन्नता और संघर्ष से ही नवीन विचार जन्म लेते हैं।

समाजसेवी कार्य

स्वामीजी ने अपने जीवन में मानव समाज की सेवा को महत्त्वपूर्ण स्थान दिया। वे शिक्षा, स्त्री पुनरुद्धार तथा आर्थिक प्रगति के पक्ष में थे। रूढ़िवादिता, अंधविश्वास, निर्धनता और अशिक्षा की उन्होंने कटु

आलोचना की। उन्होंने यह भी कहा कि जब तक करोड़ों व्यक्ति भूखे और अज्ञानी हैं, तब तक मैं उस प्रत्येक व्यक्ति को देशद्रोही मानता हूँ, जो उन्हीं के खर्च पर शिक्षा प्राप्त करता है, किंतु उनकी परवाह बिल्कुल नहीं करता। इस प्रकार समाज-सेवा स्वामीजी का प्रथम धर्म था। उनकी मान्यता थी कि देश की गरीबी को दूर करना आवश्यक है। वे कहा करते थे कि देशवासियों के उद्धार के पुनीत कार्य के लिए उन्हें मोक्ष छोड़कर नरक में भी जाना स्वीकार है। स्वामीजी छुआछूत के घोर विरोधी थे तथा जन्म पर आधारित वर्णभेद को नहीं मानते थे। किंतु स्वामीजी प्रत्यक्ष रूप से सामाजिक सुधारों में विश्वास नहीं करते थे। उनका कहना था कि आध्यात्मिकता से आत्मनिर्माण होता है और आत्मनिर्माण से ही देश की सामाजिक और आर्थिक प्रगति संभव है। अध्यात्मवाद द्वारा पहले वे मनुष्य को मनुष्य बनाना चाहते थे और उसी को वे प्रगति का आधार मानते थे। उनकी मान्यता थी कि संन्यास के साथ-साथ सेवाभाव उतना ही महत्त्वपूर्ण लक्ष्य होना चाहिए। वे पश्चिम की जीवन-पद्धति से काफी प्रभावित थे। उन्होंने जनकल्याण के लिए संगठित प्रयत्नों पर बल दिया। अतः समाज कल्याण के लक्ष्यों की प्राप्ति के लिए ही उन्होंने रामकृष्ण मिशन की स्थापना की थी, जहाँ दीन-दुःखियों के सहायतार्थ विभिन्न जातियाँ, वर्ग और धर्म मिल सकते थे। उनका कहना था कि गरीबों की सहायता करना ईश्वर-प्राप्ति के मार्ग में एक यज्ञ होगा। विवेकानंद की सबसे बड़ी सफलता यह थी कि उन्होंने संन्यासियों के समक्ष व्यक्तिनिष्ठ मोक्ष की अपेक्षा समाज-सेवा के आदर्श प्रस्तुत किए।

उनकी मान्यता थी कि देश की गरीबी को दूर करना आवश्यक है। वे कहा करते थे कि देशवासियों के उद्धार के पुनीत कार्य के लिए उन्हें मोक्ष छोड़कर नरक में भी जाना स्वीकार है। स्वामीजी छुआछूत के घोर विरोधी थे तथा जन्म पर आधारित वर्णभेद को नहीं मानते थे।

राष्ट्रीयता का निर्माण

स्वामी विवेकानंद ने राष्ट्रीयता के निर्माण में भी भारी योगदान दिया। उन्होंने समस्त हिंदू धर्म और अध्यात्मवाद की श्रेष्ठता को स्थापित किया, जिससे हिंदुओं में आत्मगौरव और देशप्रेम उत्पन्न हुआ। उन्होंने वेदांत की मुख्य शिक्षा यह बताई कि प्रत्येक व्यक्ति अपने में ईश्वर की ज्योति देख सकता है। जिस प्रकार ईश्वर सदा स्वतंत्र है, उसी प्रकार प्रत्येक व्यक्ति भी सदा स्वतंत्र है।

संगीत, साहित्य और दर्शन में विवेकानंद को विशेष रुचि थी। तैराकी, घुड़सवारी और कुश्ती उनका शौक था। स्वामीजी ने तो 25 वर्ष की उम्र में ही वेद, पुराण, बाइबल, कुरान, धम्मपद, तनख, गुरुग्रंथ साहिब, दास कैपिटल, पूँजीवाद, अर्थशास्त्र, राजनीति शास्त्र, साहित्य, संगीत और दर्शन की तमाम तरह की विचारधाराओं को घोंट दिया था।

इस प्रकार विवेकानंद ने हिंदू धर्म और भारतीय संस्कृति की अद्वितीय सेवा की। उनके उपदेशों से भारतीयों को अपने उज्ज्वल अतीत का ज्ञान हुआ, जिससे उनमें अपने अतीत के प्रति अभिमान पैदा हुआ।

संगीत, साहित्य और दर्शन में विवेकानंद को विशेष रुचि थी। तैराकी, घुड़सवारी और कुश्ती उनका शौक था। स्वामीजी ने तो 25 वर्ष की उम्र में ही वेद, पुराण, बाइबल, कुरान, धम्मपद, तनख, गुरुग्रंथ साहिब, दास कैपिटल, पूँजीवाद, अर्थशास्त्र, राजनीति शास्त्र, साहित्य, संगीत और दर्शन की तमाम तरह की विचारधाराओं को घोंट दिया था। वे जैसे-जैसे बड़े होते गए, सभी धर्म और दर्शनों के प्रति अविश्वास से भर गए। संदेहवादी, उलझन और प्रतिवाद के चलते किसी भी विचारधारा में विश्वास नहीं किया।

नरेंद्र की बुद्धि बचपन से बड़ी तीव्र थी और परमात्मा को पाने की

लालसा भी प्रबल थी। इस हेतु वे पहले ब्रह्म समाज में गए, किंतु वहाँ उनके चित्त को संतोष नहीं हुआ। अपनी जिज्ञासाएँ शांत करने के लिए ब्रह्म समाज के अलावा कई साधु-संतों के पास भटकने के बाद अंततः वे रामकृष्ण परमहंस की शरण में गए। रामकृष्ण के रहस्यमय व्यक्तित्व ने उन्हें प्रभावित किया, जिससे उनका जीवन बदल गया। 1881 में रामकृष्ण को उन्होंने अपना गुरु बनाया। रामकृष्ण परमहंस की प्रशंसा सुनकर नरेंद्र उनके पास पहले तो तर्क करने के विचार से ही गए थे, किंतु परमहंसजी ने देखते ही पहचान लिया कि यह तो वही शिष्य है, जिसका उन्हें कई दिनों से इंतजार है। परमहंसजी की कृपा से इनका आत्मसाक्षात्कार हुआ, फलस्वरूप नरेंद्र परमहंसजी के शिष्यों में प्रमुख हो गए।

स्वामी विवेकानंद जब तक नरेंद्र थे, बहुत ही तार्किक थे, नास्तिक थे, मूर्तिभंजक थे। रामकृष्ण परमहंस ने उनसे कहा भी था कि कब तक बुद्धिमान बनकर रहोगे। इस बुद्धि को गिरा दो। समर्पण भाव में आओ, तभी सत्य का साक्षात्कार हो सकेगा, अन्यथा नहीं। तर्क से सत्य को नहीं जाना जा सकता। विवेक को जाग्रत् करो। विवेकानंद को रामकृष्ण परमहंस की बातें जम गईं। बस तभी से वे विवेकानंद हो गए।

स्वामी विवेकानंद जब तक नरेंद्र थे, बहुत ही तार्किक थे, नास्तिक थे, मूर्तिभंजक थे। रामकृष्ण परमहंस ने उनसे कहा भी था कि कब तक बुद्धिमान बनकर रहोगे। इस बुद्धि को गिरा दो। समर्पण भाव में आओ, तभी सत्य का साक्षात्कार हो सकेगा, अन्यथा नहीं। तर्क से सत्य को नहीं जाना जा सकता। विवेक को जाग्रत् करो। विवेकानंद को रामकृष्ण परमहंस की बातें जम गईं। बस तभी से वे विवेकानंद हो गए।

विवेकानंद पर वेदांत दर्शन, बुद्ध के आष्टांगिक मार्ग और गीता के कर्मवाद का गहरा प्रभाव पड़ा। वेदांत, बौद्ध और गीता के दर्शन को

मिलाकर उन्होंने अपना दर्शन गढ़ा, ऐसा नहीं कहा जा सकता। उनके दर्शन का मूल वेदांत और योग ही रहा। विवेकानंद मूर्तिपूजा को महत्त्व नहीं देते थे, लेकिन वे इसका विरोध भी नहीं करते थे। उनके अनुसार 'ईश्वर' निराकार है। ईश्वर सभी तत्त्वों में निहित एकत्व है। जगत् ईश्वर की ही सृष्टि है। आत्मा का कर्तव्य है कि शरीर रहते ही 'आत्मा के अमरत्व' को जानना। मनुष्य का चरम भाग्य 'अमरता की अनुभूति' ही है। राजयोग ही मोक्ष का मार्ग है।

स्वामी विवेकानंद एक महान् चिंतक और दार्शनिक थे। वे अद्वैत दर्शन के प्रतिपादक थे। उनके विचार जटिल थे और तत्समय की सामाजिक-राजनीतिक परिस्थितियों पर आधारित थे। तत्कालीन समाज पतन की ओर अग्रसर था और तरह-तरह के अंधविश्वासों में जकड़ा हुआ था। विवेकानंद इससे दुःखी और परेशान थे।

स्वामी विवेकानंद एक महान् चिंतक और दार्शनिक थे। वे अद्वैत दर्शन के प्रतिपादक थे। उनके विचार जटिल थे और तत्समय की सामाजिक-राजनीतिक परिस्थितियों पर आधारित थे। तत्कालीन समाज पतन की ओर अग्रसर था और तरह-तरह के अंधविश्वासों में जकड़ा हुआ था। विवेकानंद इससे दुःखी और परेशान थे। अंग्रेज औपनिवेशिक शासन के कुप्रभावों से भी वे अनजान नहीं थे। स्वामी विवेकानंद हिंदू धर्म में सुधार लाना चाहते थे और हिंदुओं में गर्व और आत्मविश्वास का भाव उत्पन्न करना चाहते थे। हिंदू धर्म एक ओर रूढ़िवादिता और दूसरी ओर अंग्रेजों द्वारा देश पर पश्चिमी विचार थोपे जाने से पीड़ित था।

विवेकानंद का सबसे बड़ा योगदान यह था कि उन्होंने औपनिवेशिक शासन से मुक्ति के लिए संघर्ष को आध्यात्मिक आधार दिया और नैतिक व सामाजिक दृष्टि से हिंदू समाज के उत्थान के लिए काम किया।

विवेकानंद राष्ट्रवादी थे, परंतु उनका राष्ट्रवाद समावेशी और करुणामय था। जब भी वे देश के भ्रमण पर निकलते, वे घोर गरीबी, अज्ञानता और सामाजिक असमानताओं को देखकर दु:खी हो जाते थे। वे भारत के लोगों को एक नई ऊर्जा से भर देना चाहते थे। वे चाहते थे कि अध्यात्म, त्याग और सेवाभाव को राष्ट्रवाद का हिस्सा बनाया जाए। उन्होंने भारत के लिए एक आध्यात्मिक लक्ष्य निर्धारित किया था। उन्होंने लिखा—

"हर राष्ट्र की एक नियति होती है, जिसको वह प्राप्त होता है। हर राष्ट्र के पास एक संदेश होता है, जो उसे पहुँचाना होता है। हर राष्ट्र का एक मिशन होता है, जिसे उसे हासिल करना होता है। हमें हमारी नस्ल का मिशन समझना होगा। उस नियति को समझना होगा, जिसे हमें पाना है। राष्ट्रों में हमारा क्या स्थान हो, हमें वह समझना होगा और विभिन्न नस्लों के बीच सौहार्द बढ़ाने में हमारी भूमिका को जानना होगा।"

हर राष्ट्र की एक नियति होती है, जिसको वह प्राप्त होता है। हर राष्ट्र के पास एक संदेश होता है, जो उसे पहुँचाना होता है। हर राष्ट्र का एक मिशन होता है, जिसे उसे हासिल करना होता है। हमें हमारी नस्ल का मिशन समझना होगा। उस नियति को समझना होगा, जिसे हमें पाना है।

विवेकानंद का राष्ट्रवाद, मानवतावादी और सार्वभौमिक था। वह संकीर्ण या आक्रामक नहीं था। वह राष्ट्र को सौहार्द और शांति की ओर ले जाना चाहता था। वे मानते थे कि केवल ब्रिटिश संसद् द्वारा प्रस्ताव पारित कर देने से भारत स्वाधीन नहीं हो जाएगा। यह स्वाधीनता अर्थहीन होगी, अगर भारतीय उसकी कीमत नहीं समझेंगे और उसके लिए तैयार नहीं होंगे। भारत के लोगों को स्वाधीनता के लिए तैयार रहना होगा।

विवेकानंद 'मनुष्यों के निर्माण में विश्वास' रखते थे। इससे उनका आशय था—शिक्षा के जरिए विद्यार्थियों में सनातन मूल्यों के प्रति आस्था

पैदा करना। ये मूल्य एक मजबूत चरित्रवाले नागरिक और एक अच्छे मनुष्य की नींव बनते। ऐसा व्यक्ति अपनी और अपने देश की मुक्ति के लिए संघर्ष करता। विवेकानंद की मान्यता थी कि शिक्षा आत्मनिर्भरता और वैश्विक बंधुत्व को बढ़ावा देने का जरिया होनी चाहिए।

विवेकानंद न केवल यह स्वीकार करते हैं कि भारत में विभिन्न धर्मों का सह-अस्तित्व है, बल्कि वे यह भी कहते हैं कि ऐसा होना वांछित और उचित है। शिकागो में आयोजित विश्व धर्म संसद् को संबोधित करते हुए उन्होंने कहा—

"धार्मिक एकता का साँझा आधार क्या हो, इस पर बहुत-कुछ कहा जा चुका है। इस संबंध में मैं अपना सिद्धांत प्रस्तुत करने नहीं जा रहा हूँ। परंतु अगर यहाँ मौजूद लोगों में से कोई यह मानता है कि यह एकता किसी एक धर्म की जीत और अन्य धर्मों के विनाश से स्थापित होगी तो मैं उससे यही कहूँगा कि 'बंधु, तुम एक कभी न पूरी होनेवाली आशा पाले बैठे हो।'

धार्मिक एकता का साँझा आधार क्या हो, इस पर बहुत-कुछ कहा जा चुका है। इस संबंध में मैं अपना सिद्धांत प्रस्तुत करने नहीं जा रहा हूँ। परंतु अगर यहाँ मौजूद लोगों में से कोई यह मानता है कि यह एकता किसी एक धर्म की जीत और अन्य धर्मों के विनाश से स्थापित होगी तो मैं उससे यही कहूँगा कि 'बंधु, तुम एक कभी न पूरी होनेवाली आशा पाले बैठे हो।'

"न तो ईसाई को हिंदू या बौद्ध बनने की जरूरत है और न ही हिंदू और बौद्ध को ईसाई बनने की। परंतु इन सभी को अन्य धर्मों की मूल आत्मा को आत्मसात् करना होगा और इसके साथ-साथ अपनी वैयक्तिकता को भी सुरक्षित रखना होगा। अगर विश्व धर्म संसद् ने दुनिया को कुछ दिखाया है तो वह यह है—इसने दुनिया को यह साबित किया है कि शुचिता, पवित्रता और परोपकार पर दुनिया के किसी चर्च

का एकाधिकार नहीं है और हर धर्म ने उदात्त चरित्रवाले पुरुषों और महिलाओं को जन्म दिया है। इस प्रमाण के बावजूद, यदि कोई यह सपना देखता है कि केवल उसका धर्म जिंदा रहेगा और अन्य धर्म नष्ट हो जाएँगे तो मैं अपने दिल की गहराई से उस पर दया करता हूँ। मैं उससे कहना चाहता हूँ कि जल्दी ही विरोध के बावजूद हर धर्म के झंडे पर यह लिखा होगा—'मदद करो, लड़ो मत', 'आत्मसात् करो, विध्वंस न करो', 'सौहार्द और शांति, न कि कलह और मतभेद'।"

इस तरह वे यह मानते थे कि सभी धर्मों के नैतिक मूल्य एक-से होते हैं। वे यह भी मानते थे कि एक-दूसरे से सीखकर सभी धर्म एक साथ आगे बढ़ सकते हैं। वे यह भी मानते थे कि सभी धर्मों के अनुयायियों में उच्च चरित्र के अच्छे मनुष्य हैं। दूसरे शब्दों में, हर धर्म अच्छे व्यक्तियों को जन्म देता है। यह संदेश हमारे आज के धार्मिक आधार पर ध्रुवीकृत समाज के लिए बहुत महत्त्वपूर्ण है।

इस तरह वे यह मानते थे कि सभी धर्मों के नैतिक मूल्य एक-से होते हैं। वे यह भी मानते थे कि एक-दूसरे से सीखकर सभी धर्म एक साथ आगे बढ़ सकते हैं। वे यह भी मानते थे कि सभी धर्मों के अनुयायियों में उच्च चरित्र के अच्छे मनुष्य हैं।

विवेकानंद कहते थे कि विभिन्न धर्मों के प्रतीक भले ही अलग-अलग हों, परंतु उनका सार एक ही है। वे जोर देकर कहते थे कि विशेषकर हिंदू धर्म ने इस विविधता को मान्यता दी है और इस यथार्थ को समझा है—

"विविधता में एकता प्रकृति का नियम है और हिंदू ने उसे जान लिया है। अन्य सभी धर्म कुछ विशेष रूढ़ियाँ प्रतिपादित करते हैं और समाज को उन्हें अपनाने पर मजबूर करते हैं। वे समाज के सामने एक कोट रखते हैं, जो जैक, जॉन और हैनरी, तीनों को फिट आना चाहिए।

अगर जॉन या हैनरी को कोट फिट नहीं आता तो उन्हें बिना कोट के ही रहना होगा। हिंदुओं को यह अहसास है कि परम को पाने, उसके बारे में विचार करने या उसके बारे में बताने के लिए सापेक्षता जरूरी है। और यह भी कि ईश्वर की मूर्तियाँ, क्रॉस और अर्धचंद्र, केवल प्रतीक हैं—वे ऐसे खूँटे हैं, जिन पर आध्यात्मिक विचार टाँगे जा सकते हैं।

"हिंदू के लिए धर्मों की दुनिया एक ऐसी जगह है, जहाँ महिला और पुरुष अलग-अलग परिस्थितियों से गुजरते हुए एक ही लक्ष्य की ओर बढ़ रहे हैं। हर धर्म मनुष्य से ईश्वर का विकास करना चाहता है और वही ईश्वर धर्मों का प्रेरणास्रोत है। फिर इतने विरोधाभास क्यों हैं? हिंदू के लिए ये केवल आभासी हैं। ये विरोधाभास इसलिए हैं, क्योंकि वही सत्य अलग-अलग परिस्थितियों में अलग-अलग रूप ले लेता है।

"चाहे हम उसे वेदांतवाद कहें या कोई और वाद, परंतु सच यह है कि अद्वैतवाद धर्म के मामले में अंतिम सत्य है। वह हमें सभी धर्मों और पंथों के प्रति प्रेम रखना सिखाता है। मैं मानता हूँ कि यही भविष्य की प्रबुद्ध मानवता का धर्म होगा। हिंदुओं को अन्य नस्लों के मुकाबले इस सत्य तक पहले पहुँचने का श्रेय दिया जा सकता है, परंतु इसका कारण यह है कि हिंदू यहूदी या अरब की तुलना में अधिक पुरानी नस्ल है। परंतु यह मानना गलत होगा कि पूरी मानवता को एक मानने का विचार केवल हिंदू है।"

विवेकानंद चाहते थे कि भारतीय अच्छे मनुष्य बनें। वे उदार हों, दयालु हों, दूसरों से प्रेम करें, सभी को गले लगाने के लिए तैयार हों और उनका व्यवहार गरिमापूर्ण हो। उन्होंने भारतीयों में यह उदार और सार्वभौमिक मूल्य उत्पन्न करने के लिए हिंदू धर्म को चुना।

□

11

ओज-तेज-आनंद

"कुछ मत पूछो, बदले में कुछ मत माँगो। जो देना है, वह दो, वह तुम तक वापस आएगा, पर उसके बारे में अभी मत सोचो। तुम्हें अंदर से बाहर की तरफ विकसित होना है। कोई तुम्हें पढ़ा नहीं सकता, कोई तुम्हें आध्यात्मिक नहीं बना सकता। तुम्हारी आत्मा के अलावा कोई और गुरु नहीं है।"

स्वामी विवेकानंद का नाम लेते ही आँखों के सामने अध्यात्म की एक देदीप्यमान आकृति उभर आती है, जिसमें धर्म का ओज-तेज है, मानवता की सेवा का महामंत्र है, राष्ट्रीय गौरव का आभामंडल है और भारतीय संस्कृति का उदात्त स्वरूप है।

स्वामी विवेकानंद अपने युग की आध्यात्मिक हुंकार थे, दीन-दु:खियों की सेवा के लिए एक जीवंत पुकार थे, सत्य-धर्म की रक्षा के लिए वे एक सशक्त तलवार थे, भारत की गौरवशाली संस्कृति की नौका के वे अपने समय की पतवार थे और सबसे बढ़कर हिंदू धर्म के सनातन सिद्धांतों के वे प्रबुद्ध पैरोकार थे।

संपूर्ण विश्व के दार्शनिक चिंतन का अध्येता होने के साथ-साथ वे एक ऐसे गुरु के चरणों में समर्पित थे, जो माँ काली के अनन्य भक्त

थे और मूर्तिपूजा के माध्यम से ही अपनी आत्मा का परिष्कार कर उस चिन्मय अवस्था को प्राप्त किया था, जहाँ ईश्वर को केवल देखा ही नहीं जाता है, बल्कि उनसे बातें भी की जाती हैं।

स्वामी निर्वेदानंद ने स्वामी रामकृष्ण परमहंस और स्वामी विवेकानंद के बारे में एक जगह लिखा है—"स्वामी रामकृष्ण हिंदू धर्म की गंगा हैं, जो वैयक्तिक समाधि के कमंडलु में बंद थी तो स्वामी विवेकानंद इस गंगा के भागीरथ हैं, जिन्होंने इस देव-सरिता को रामकृष्ण के कमंडलु से निकालकर सारे विश्व में फैला दिया।"

स्वामी रामकृष्ण हिंदू धर्म की गंगा हैं, जो वैयक्तिक समाधि के कमंडलु में बंद थी तो स्वामी विवेकानंद इस गंगा के भागीरथ हैं, जिन्होंने इस देव-सरिता को रामकृष्ण के कमंडलु से निकालकर सारे विश्व में फैला दिया।

भारत में यह मान्यता है कि जब-जब धर्म का ह्रास और अधर्म की वृद्धि होती है, तब-तब परमात्मा के दिव्य गुणों से संपन्न कोई महान् आत्मा इस धराधाम पर अवतरित होती है।

धर्म की ग्लानि सबसे अधिक तब होती है, जब धर्म के नाम पर ही अधर्म होने लगता है, धर्म के नाम पर निरीह जीवों की बलि दी जाती है, धर्म के नाम पर मानव-मानव के बीच विभेद पैदा किया जाता है, धर्म के नाम पर अस्पृश्यता को संरक्षण दिया जाता है, धर्म के नाम पर लोगों को ठगा जाता है और धर्म के नाम पर वर्ग-विशेष को ज्ञान से वंचित किया जाता है।

इतना ही नहीं, जब धर्म के नाम पर संस्थाओं में अधार्मिक लोगों का वर्चस्व बढ़ने लगता है, धार्मिक आयोजनों में दुर्जनों का सम्मान और सज्जनों का अपमान होने लगता है, धार्मिक अनुष्ठानों का उद्घाटन भी भ्रष्ट और चरित्रहीन व्यक्तियों के हाथों होने लगता है, तब धर्म का सिर ग्लानि से झुक जाता है। धर्म की सबसे बड़ी ग्लानि धर्म के नाम पर होनेवाले अधर्म से होती है।

उन्नीसवीं सदी का कालखंड धर्म की ग्लानि का पर्याय बन गया था। धर्म के नाम पर विसंगतियों का अंबार लग गया था। ऐसी विषम स्थिति में एक ऐसे महापुरुष का आविर्भाव इस धराधाम पर हुआ, जिसने संपूर्ण विश्व को धर्म के उज्ज्वल स्वरूप से परिचित कराया, धर्म की ग्लानि को धर्म के गौरव में बदल दिया। धर्म के नाम पर चलनेवाली विसंगतियों को ध्वस्त करने के लिए प्राणपण से जुट गया और अन्याय के ऊपर बम की तरह फूट गया।

बालक नरेंद्र (विवेकानंद) की अभिरुचि व्यायाम, कुश्ती, तैराकी, क्रिकेट और संगीत में अधिक थी। अध्ययन के क्षेत्र में भी वे काफी गंभीर थे और अल्प समय में ही कठिन विषयों को आत्मसात् कर लेते थे। मगर 14 वर्ष की अवस्था में अस्वस्थता के कारण पढ़ाई कुछ बाधित भी हुई।

बचपन

बालक नरेंद्र (विवेकानंद) की अभिरुचि व्यायाम, कुश्ती, तैराकी, क्रिकेट और संगीत में अधिक थी। अध्ययन के क्षेत्र में भी वे काफी गंभीर थे और अल्प समय में ही कठिन विषयों को आत्मसात् कर लेते थे। मगर 14 वर्ष की अवस्था में अस्वस्थता के कारण पढ़ाई कुछ बाधित भी हुई।

लेकिन नरेंद्र को पाठ्य-पुस्तकों की सीमा अपने आकर्षण में नहीं बाँध सकी। उन्होंने प्रवेशिका-परीक्षा में उत्तीर्ण होने से पूर्व ही भारतीय इतिहास, भारतीय दर्शन, विश्व के विभिन्न धर्मों की रूपरेखा के साथ-साथ पाश्चात्य दर्शन का गंभीरता से अध्ययन कर लिया था। सन् 1879 में प्रवेशिका-परीक्षा में उत्तीर्ण होकर नरेंद्रनाथ ने कॉलेज की पढ़ाई में प्रवेश किया। कॉलेज की पढ़ाई के समय उन्होंने विशेष रूप से प्राच्य और पाश्चात्य दर्शन का तुलनात्मक अध्ययन किया।

डेकार्ट, ह्यूम, हर्बर्ट स्पेंसर, हेगेल आदि का अध्ययन करते हुए उन्होंने अंग्रेजी के महान् कवियों के साहित्य का भी गहनता से अध्ययन

किया। सन् 1881 में वे बी.ए. की परीक्षा की तैयारी कर रहे थे। यह उनके जीवन का 18वाँ वर्ष था। उनके मन में यह भाव भर गया था कि जीवन का मुख्य उद्‌देश्य 'परमात्मा की प्राप्ति' है। यह भाव उनके मन में हिलोरें मारने लगा।

इसी समय परमात्मा के बारे में जानने की जिज्ञासा से वे ब्रह्मसमाज की ओर आकृष्ट हुए। ब्रह्मसमाज की स्थापना राजा राममोहन राय (1772-1833) ने सन् 1828 में की थी। उनके निधन के पश्चात् इसका कार्यभार महर्षि देवेंद्रनाथ ठाकुर सँभाल रहे थे। उस समय बंगाल के बड़े-बड़े विद्वान् इस ब्रह्मसमाज से जुड़े थे। केशवचंद्र सेन उन्हीं उद्‌भट विद्वानों में एक थे। बाद में सन् 1865 में देवेंद्रनाथ ठाकुर से अलग होकर उन्होंने नया ब्रह्मसमाज बना लिया, जिसका नाम 'नव विधान' रखा।

केशवचंद्र सेन संस्कृत नहीं जानते थे और उनके चिंतन पर ईसाई धर्म का प्रभाव स्पष्ट दिखता था। नरेंद्र अभी ब्रह्मसमाज के आचार्यों के संपर्क में तो रहते थे, मगर उनकी जिज्ञासा का वहाँ समाधान नहीं हो पा रहा था। इसी बीच कलकत्ता में एक और विलक्षण महापुरुष की चर्चा जोरों से चल रही थी।

केशवचंद्र सेन संस्कृत नहीं जानते थे और उनके चिंतन पर ईसाई धर्म का प्रभाव स्पष्ट दिखता था। नरेंद्र अभी ब्रह्मसमाज के आचार्यों के संपर्क में तो रहते थे, मगर उनकी जिज्ञासा का वहाँ समाधान नहीं हो पा रहा था। इसी बीच कलकत्ता में एक और विलक्षण महापुरुष की चर्चा जोरों से चल रही थी। ये महापुरुष थे हुगली जिले के कामारपुकुर गाँव के ब्राह्मण परिवार में 17 फरवरी, 1836 को जनमे 'गदाधर', जो बाद में स्वामी रामकृष्ण परमहंस के नाम से विख्यात हुए। वे दक्षिणेश्वर में धर्मप्राण महिला रानी रासमणि द्वारा निर्मित मंदिर के पुजारी के रूप में कार्यरत हुए और वहीं से उनकी ख्याति सारे कलकत्ता में फैल गई।

ब्रह्मसमाज के धुरंधर विद्वान् केशवचंद्र सेन, प्रतापचंद्र मजुमदार और विजय कृष्ण आदि श्री रामकृष्ण परमहंस के पास जाकर सत्संग-वार्त्ता किया करते थे।

गुरु से भेंट

कलकत्ता के शिमुलिया मोहल्ले में सुरेंद्रनाथ मित्र के यहाँ एक दिन स्वामी रामकृष्ण परमहंस पधारे। कोई अच्छा भजन गानेवाला नहीं मिलने पर उन्होंने अपने मोहल्ले के ही युवा छात्र नरेंद्र को बुला लिया। यह सन् 1881 का नवंबर मास का दिन था और इसी दिन नरेंद्र की पहली मुलाकात स्वामी रामकृष्ण परमहंस से हुई। वे उन्हें देखते ही भाव-विभोर हो उठे। इधर नरेंद्रनाथ के भजन से रामकृष्ण देवजी अत्यंत प्रसन्न हुए। जाते-जाते उन्होंने नरेंद्र से दक्षिणेश्वर आने का अनुरोध भी कर दिया। एक स्वर्णिम भविष्य की नींव पड़ गई, जो आगे जाकर मूर्तिमान हो उठा।

कलकत्ता के शिमुलिया मोहल्ले में सुरेंद्रनाथ मित्र के यहाँ एक दिन स्वामी रामकृष्ण परमहंस पधारे। कोई अच्छा भजन गानेवाला नहीं मिलने पर उन्होंने अपने मोहल्ले के ही युवा छात्र नरेंद्र को बुला लिया। यह सन् 1881 का नवंबर मास का दिन था और इसी दिन नरेंद्र की पहली मुलाकात स्वामी रामकृष्ण परमहंस से हुई। वे उन्हें देखते ही भाव-विभोर हो उठे।

इस प्रथम मिलन के कुछ दिन बाद ही नरेंद्र अपने कुछ मित्रों के साथ दक्षिणेश्वर चले आए। नरेंद्र को देखते हुए स्वामी रामकृष्ण परमहंस की आँखों में आँसू भर आए। वे भावाभिभूत हो गए और कहने लगे—"इतने दिनों तक तू मुझे भूलकर कैसे रह गया? मैं तो तेरी बाट जोह रहा हूँ।" इतना ही नहीं, अचानक वे भावाविष्ट हो गए और कहने लगे—"मैं जानता हूँ, तुम सप्तर्षि मंडल के ऋषि हो। नररूपी नारायण

हो। जीवों के कल्याण की कामना से तुमने देह धारण की है।" नरेंद्र अवाक्-से सबकुछ देख-सुन रहे थे।

इधर नरेंद्रनाथ के मन में ईश्वर को जानने की जिज्ञासा प्रबल होती जा रही थी। उनका एक ही प्रश्न होता था—"क्या आपने ईश्वर को देखा है?" मगर कोई भी विद्वान् उनके इस प्रश्न का सीधा उत्तर नहीं देता था। यह प्रश्न वे केशवचंद्र सेन से पूछ चुके थे। यही प्रश्न उन्होंने महर्षि देवेंद्रनाथ ठाकुर से पूछा, जब वे हुगली-भगीरथी में नौका पर ही रह रहे थे। वे नौका पर जा पहुँचे और सीधे प्रश्न किया, "क्या आपने ईश्वर को देखा है?" मगर महर्षि देवेंद्रनाथ ठाकुर के विवेचन से वे संतुष्ट नहीं हुए।

इसी प्रश्न में डूबे हुए वे फिर एक दिन दक्षिणेश्वर चले गए। संध्या का समय था। अस्ताचलगामी सूर्य की किरणें वृक्ष की पत्तियों से विदाई ले रही थीं। श्री रामकृष्ण एक दृष्टि से नरेंद्रनाथ को देख रहे थे। एकाएक उन्होंने अपना दाहिना चरण उनके स्कंध पर रख दिया। उसी समय नरेंद्रनाथ के भीतर एक अभूतपूर्व घटना घटी। वे समाधिस्थ हो गए। अचानक उनके भीतर से एक आवाज उठी, "ठाकुर! तुमने यह क्या कर दिया?" फिर स्वामी रामकृष्ण ने उनकी छाती पर हाथ रखा और उनकी चेतना सामान्य हो गई।

इसी प्रश्न में डूबे हुए वे फिर एक दिन दक्षिणेश्वर चले गए। संध्या का समय था। अस्ताचलगामी सूर्य की किरणें वृक्ष की पत्तियों से विदाई ले रही थीं। श्री रामकृष्ण एक दृष्टि से नरेंद्रनाथ को देख रहे थे। एकाएक उन्होंने अपना दाहिना चरण उनके स्कंध पर रख दिया।

नरेंद्रनाथ का पुस्तकीय ज्ञान इस अनमोल अनुभव के आगे धराशायी हो गया था। उन्होंने इस अनुभव के बारे में एक जगह लिखा है—"मेरे सामने तराजू के दो पलड़े लटक रहे थे। एक पलड़े पर सारा पुस्तकीय

ज्ञान रखा था और दूसरे पलड़े पर ठाकुर का हलका सा स्पर्श। मैं स्पष्ट रूप से देख रहा हूँ कि ठाकुर के स्पर्श वाला ही पलड़ा भारी है।"

जीवन में पहली बार नरेंद्रनाथ को अपने पुस्तकीय ज्ञान का अहं गलता हुआ दिखा। ठाकुर के प्रति उनकी अगाध श्रद्धा होने लगी।

सन् 1884 में नरेंद्रनाथ की बी.ए. की परीक्षा समाप्त हो गई। बी.ए. पास करने के बाद वे बी.एल. की शिक्षा ग्रहण करने लगे। इसी समय उनके परिवार पर एक वज्राघात हो गया। उनके पूज्य पिता विश्वनाथ दत्त का निधन हो गया। परिवार के सामने भीषण समस्या खड़ी हो गई। नरेंद्र अब अपनी विधवा माता के साथ अपनी दो बहनों और दो छोटे भाइयों के भरण-पोषण के लिए चिंतित हो उठे। इसी दुर्दिन में अपने ही खानदान के एक व्यक्ति ने उनके मकान पर दावा ठोक दिया।

सन् 1884 में नरेंद्रनाथ की बी.ए. की परीक्षा समाप्त हो गई। बी.ए. पास करने के बाद वे बी.एल. की शिक्षा ग्रहण करने लगे। इसी समय उनके परिवार पर एक वज्राघात हो गया। उनके पूज्य पिता विश्वनाथ दत्त का निधन हो गया। परिवार के सामने भीषण समस्या खड़ी हो गई।

नरेंद्रनाथ ने सभी समस्याओं का डटकर मुकाबला किया और मकान के केस में विजयी हुए। संसार से मन उचट गया था। ईश्वर पर से आस्था डगमगा रही थी। ऐसी परिस्थिति में फिर एक बार दक्षिणेश्वर गए। ठाकुर से अपनी कठिनाई बतलाई।

ठाकुर ने कहा, "अगर ऐसा ही है तो जाकर माँ से सबकुछ स्वयं माँग लो।"

नरेंद्र माँ के मंदिर में गए, मगर ध्यानस्थ अवस्था में माँ से केवल ज्ञान और भक्ति ही माँगकर रह गए। कई बार प्रयास किया, मगर सांसारिक सुख की माँग नहीं कर सके। धीरे-धीरे उनका मन शांत होने लगा। ठाकुर के प्रति प्रेम फिर उमड़ने लगा।

नरेंद्र अब कुछ काम भी करने लगे। वे विद्यासागर के विद्यालय में अध्यापन करने लगे। परिवार का भरण-पोषण किसी तरह होने लगा। इधर ठाकुर का सामीप्य भी बढ़ने लगा और अंतर में वैराग्य की भावना तीव्र होने लगी। विधि का विधान शायद कुछ और था। रामकृष्ण कंठरोग से आक्रांत हो गए। 1885 के अंत तक यह रोग बढ़ता ही गया। भक्तों के अंदर बेचैनी छा गई। रामकृष्ण ने एक दिन तरुण शिष्यों को संन्यास की दीक्षा दी और वे सभी संन्यासी का जीवन व्यतीत करने लगे। अप्रैल 1886 में एक दिन नरेंद्रनाथ अपने दो मित्रों के साथ अचानक बोधगया, बिहार पहुँच गए और बोधिवृक्ष के नीचे समाधिमग्न हो गए।

नरेंद्र अब कुछ काम भी करने लगे। वे विद्यासागर के विद्यालय में अध्यापन करने लगे। परिवार का भरण-पोषण किसी तरह होने लगा। इधर ठाकुर का सामीप्य भी बढ़ने लगा और अंतर में वैराग्य की भावना तीव्र होने लगी। विधि का विधान शायद कुछ और था।

कुछ दिन वहाँ रहने के बाद फिर काशीपुर, कलकत्ता लौट आए। इधर ठाकुर अपना नश्वर शरीर त्याग करने के लिए अपना मन बना चुके थे। एक दिन उन्होंने नरेंद्र से पूछा, "बोलो, तुम क्या चाहते हो ?"

नरेंद्र ने निर्विकल्प समाधि की अवस्था प्राप्त करने की प्रार्थना की और यह भी कहा कि यदि ऐसा कुछ नहीं हुआ तो मैं कुछ भी नहीं कर सकूँगा। नरेंद्र की बात सुनकर रामकृष्ण अचानक बिफर उठे और कहने लगे, "तू क्या अपनी इच्छा से करेगा ? जगदंबा तेरी गरदन पकड़कर करा लेंगी। तू न करे, तेरी हड्डियाँ करेंगी।" फिर शांत होते हुए उन्होंने कहा, "अच्छा जा, तेरी निर्विकल्प समाधि होगी।"

संन्यास ग्रहण

अपने देहत्याग से तीन-चार दिन पूर्व ठाकुर ने नरेंद्र को बुलाया और उनकी आँखों में एकटक देखते हुए अश्रुपूरित होकर बोले—"आज तुझे सर्वस्व देकर मैं फकीर हो गया। तू इस शक्ति-बल पर संसार में अनेक कार्य कर सकेगा। काम समाप्त होते ही तू लौट जाएगा।"

आखिर 16 अगस्त, 1886 को रात्रि 10 बजकर 6 मिनट पर श्री रामकृष्ण देव महासमाधि में लीन हो गए। श्री रामकृष्ण देव के निधन से मर्माहत उनके सोलह युवा भक्तों के नेतृत्व का भार नरेंद्रनाथ पर ही आ गया। काशीपुर का मकान छोड़ वे लोग वाराह नगर आ गए। श्री सुरेंद्रनाथ मित्र, जिनके आवास पर नरेंद्र की पहली भेंट श्री रामकृष्ण देव से हुई थी, सहायता के लिए आगे आए।

आखिर 16 अगस्त, 1886 को रात्रि 10 बजकर 6 मिनट पर श्री रामकृष्ण देव महासमाधि में लीन हो गए। श्री रामकृष्ण देव के निधन से मर्माहत उनके सोलह युवा भक्तों के नेतृत्व का भार नरेंद्रनाथ पर ही आ गया। काशीपुर का मकान छोड़ वे लोग वाराह नगर आ गए।

नरेंद्रनाथ सहित सभी भक्तों ने 1887 में विधिवत् संन्यास ग्रहण कर लिया। सन् 1888 में नरेंद्रनाथ एक परिव्राजक के वेश में आश्रम छोड़कर देशाटन के लिए निकल पड़े। काशी, ऋषिकेश, वृंदावन आदि स्थानों का भ्रमण करते हुए वे वाराह नगर वापस आ गए। फिर दूसरी बार सन् 1890 के प्रारंभ में वे देशाटन के लिए निकले और इस बार काशी होते हुए उत्तर प्रदेश के गाजीपुर नामक स्थान पर सिद्ध संत पवहारी बाबा के दर्शन किए। वे बाबा के पास करीब दो महीने तक रहे। इसी स्थान पर गाजीपुर के कई ब्रिटिश अधिकारियों से भी उनकी भेंट हुई और नरेंद्र की दार्शनिक व्याख्या सुनकर वे सभी काफी प्रभावित हुए। यहाँ तक कि पहले-पहल गाजीपुर के ब्रिटिश अधिकारियों ने ही

स्वामीजी को सलाह दी कि आपको तो इंग्लैंड जाकर अपने विचारों का प्रचार करना चाहिए।

यह वही समय था, जब अमेरिका में पहली बार 5 अक्तूबर, 1890 को विश्व सम्मेलन की पहली औपचारिक बैठक हुई थी। गाजीपुर से काशी होते हुए नरेंद्रनाथ आश्रम में लौट आए। मगर देशाटन का क्रम फिर प्रारंभ हो गया। इस बार अपने गुरुभाई अखंडानंद के साथ आप बिहार के भागलपुर होते हुए देवघर आ गए। फिर काशी आ गए और वहाँ से हिमालय की यात्रा पर चल पड़े। इस हिमालय-यात्रा में नैनीताल, अल्मोड़ा, केदारनाथ, बदरीनाथ आदि प्रमुख तीर्थों का भ्रमण करते हुए दिल्ली, राजपुताना, अलवर, जयपुर होते हुए स्वामीजी दक्षिण भारत की ओर चले गए।

यह वही समय था, जब अमेरिका में पहली बार 5 अक्तूबर, 1890 को विश्व सम्मेलन की पहली औपचारिक बैठक हुई थी। गाजीपुर से काशी होते हुए नरेंद्रनाथ आश्रम में लौट आए। मगर देशाटन का क्रम फिर प्रारंभ हो गया। इस बार अपने गुरुभाई अखंडानंद के साथ आप बिहार के भागलपुर होते हुए देवघर आ गए।

देश-भ्रमण के क्रम में गुजरात में बड़ौदा होते हुए खंडवा और फिर बंबई तथा पूना आ गए। खंडवा में ही शिकागो धर्म-सम्मेलन के बारे में सूचना मिली। यहीं पर नरेंद्रनाथ को पश्चिम जाने की इच्छा हुई। वे पोरबंदर में संस्कृत के प्रकांड पं. श्री शंकर पांडुरंग के अतिथि रहे। मार्च 1892 में पांडुरंगजी ने इन्हें समझाया कि आप विदेश में सनातन धर्म का प्रचार करें। इस तरह नरेंद्रनाथ शिकागो धर्म-सम्मेलन में जाने का विचार बनाने लगे।

इससे पूर्व अपने भारत-भ्रमण के क्रम में राजस्थान में खेतड़ी के महाराजा का आपने आतिथ्य ग्रहण किया। खेतड़ी के महाराजा अजीत

सिंहजी स्वामीजी के अनन्य प्रशंसक थे। कहा जाता है कि स्वामीजी के आशीर्वाद से ही उन्हें पुत्ररत्न की प्राप्ति हुई थी। राजाजी के मुंशी जगमोहन लाल स्वामीजी की सेवा में हमेशा तत्पर रहते थे। यह भी एक संयोग ही था कि स्वामी विवेकानंदजी की कृपा से सन् 1892 में ही अजीत सिंह को पुत्ररत्न की प्राप्ति हुई, जिसका नाम जयसिंह रखा गया। इससे पहले राजा को केवल दो पुत्रियाँ थीं। इस अवसर पर महाराजा द्वारा एक बड़े उत्सव का आयोजन किया गया। इस उत्सव में स्वामीजी की उपस्थिति के लिए महाराजा ने अपने मुंशीजी को पता लगाने के लिए निर्देश दिया। उस समय स्वामीजी दक्षिण भारत में थे।

इधर स्वामीजी को भी कई शुभ संकेत मिल रहे थे। दक्षिण भारत के प्रवास के समय वे कन्याकुमारी में समुद्र में स्थित शिला पर ध्यानस्थ होकर बैठ गए। उनकी ध्यान-दृष्टि के समक्ष भारत का स्वरूप देदीप्यमान हो उठा। भारत के बारे में सोचते-सोचते उनकी आँखों में आँसू भर आए। अचानक उनके मन में यह भाव उमड़ आया, 'श्री गुरुदेव के आशीर्वाद से इन भारतवासियों के कल्याण के लिए मैं कार्य करूँगा।'

इधर स्वामीजी को भी कई शुभ संकेत मिल रहे थे। दक्षिण भारत के प्रवास के समय वे कन्याकुमारी में समुद्र में स्थित शिला पर ध्यानस्थ होकर बैठ गए। उनकी ध्यान-दृष्टि के समक्ष भारत का स्वरूप देदीप्यमान हो उठा। भारत के बारे में सोचते-सोचते उनकी आँखों में आँसू भर आए। अचानक उनके मन में यह भाव उमड़ आया, 'श्री गुरुदेव के आशीर्वाद से इन भारतवासियों के कल्याण के लिए मैं कार्य करूँगा।'

आज इसी कन्याकुमारी की शिला पर 'स्वामी विवेकानंद शिला स्मारक' भारत की गौरव-गरिमा को महिमान्वित कर रहा है।

इसके बाद एक दिन स्वामीजी ने स्वप्न में देखा कि श्री रामकृष्णदेव

दिव्य देह धारण कर समुद्रतट से विस्तीर्ण महासागर के ऊपर स्वयं चले आ रहे हैं। स्वामीजी को लगा कि गुरुदेव का आदेश भी विदेश जाने के लिए हो रहा है। प्रसन्न मन से उन्होंने पत्र द्वारा माँ शारदा से भी आशीर्वाद प्राप्त कर लिया। अब इस योजना को पूर्ण करने के लिए स्वामीजी प्रयास करने लगे।

मद्रास में स्वामीजी के प्रिय शिष्य आलासिंगा पेरुमल वहाँ के भक्त-प्रेमियों के माध्यम से आवश्यक व्यवस्था करने में लग गए। उधर खेतड़ी के महाराजा का दूत बनकर उनके मुंशी श्री जगमोहन लालजी मद्रास पहुँच गए और उनके आग्रह पर स्वामीजी 21 अप्रैल, 1893 को खेतड़ी आ गए। यहाँ करीब तीन सप्ताह तक रहकर सबको आनंदित करते हुए 10 मई, 1893 को स्वामीजी खेतड़ी से बंबई के लिए रवाना हुए।

मद्रास में स्वामीजी के प्रिय शिष्य आलासिंगा पेरुमल वहाँ के भक्त-प्रेमियों के माध्यम से आवश्यक व्यवस्था करने में लग गए। उधर खेतड़ी के महाराजा का दूत बनकर उनके मुंशी श्री जगमोहन लालजी मद्रास पहुँच गए और उनके आग्रह पर स्वामीजी 21 अप्रैल, 1893 को खेतड़ी आ गए। यहाँ करीब तीन सप्ताह तक रहकर सबको आनंदित करते हुए 10 मई, 1893 को स्वामीजी खेतड़ी से बंबई के लिए रवाना हुए। यहीं पर खेतड़ी के महाराजा अजीत सिंह ने उनका नाम 'विवेकानंद' रखने का अनुरोध किया, जिसे स्वामीजी ने स्वीकार कर लिया।

शिकागो धर्म-सम्मेलन

नरेंद्रनाथ अपनी नई वेशभूषा में विवेकानंद बनकर शिकागो धर्म-सम्मेलन में भाग लेने के लिए खेतड़ी से बंबई के लिए निकल पड़े।

इस तरह मद्रास के प्रिय शिष्य आलासिंगा के सहयोग से और खेतड़ी महाराजा के विशेष सहयोग से स्वामी विवेकानंद 31 मई, 1893 को पी. एंड ओ. कंपनी के पेनिनसुलर जहाज से बंबई समुद्रतट से अमेरिका के लिए रवाना हो गए। वे अश्रुपूर्ण नेत्रों से भारतमाता को निहारते जा रहे थे। जिस 'शिकागो धर्म-सम्मेलन' में स्वामीजी जा रहे थे, आखिर वह किसलिए आयोजित किया गया था, इसके बारे में भी थोड़ी चर्चा करना आवश्यक है।

इटली का रहनेवाला क्रिस्टोफर कोलंबस स्पेन के राजा की मदद से अपनी समुद्री यात्रा तय करते हुए अक्तूबर 1492 में बहामा द्वीप समूह पहुँचा, जिसे वह भारत समझता रहा। बाद में उसे पता चला कि यह भारत नहीं, अमेरिका है। इस तरह 1493 में अमेरिका को खोज निकालने का श्रेय कोलंबस को दिया जाता है।

इटली का रहनेवाला क्रिस्टोफर कोलंबस स्पेन के राजा की मदद से अपनी समुद्री यात्रा तय करते हुए अक्तूबर 1492 में बहामा द्वीप समूह पहुँचा, जिसे वह भारत समझता रहा। बाद में उसे पता चला कि यह भारत नहीं, अमेरिका है। इस तरह 1493 में अमेरिका को खोज निकालने का श्रेय कोलंबस को दिया जाता है। इसके चार सौ वर्ष पूरे होने पर अमेरिका में एक बृहद् प्रदर्शनी लगाने का प्रस्ताव किया गया, जिसे हम 'विश्व बाजार मेला' के रूप में कह सकते हैं। यह विशाल प्रदर्शनी कहाँ लगाई जाए, इसके लिए अमेरिकी सीनेट द्वारा वोटिंग के माध्यम से शिकागो के पक्ष में निर्णय किया गया।

मुख्य रूप से दुनिया भर के लोगों को भौतिक जगत् की समृद्धि से अवगत कराने के लिए यह विश्व मेला आयोजित किया गया था, मगर इस प्रदर्शनी के अध्यक्ष चार्ल्स बोने ने यह सुझाव दिया कि जीवन के सभी क्षेत्रों का इसमें समावेश किया जाए। इस दृष्टिकोण से

संगीत, साहित्य, शिक्षा, कला, दर्शन, विज्ञान और व्यापार आदि को इसमें स्थान दिया गया। इसी विचार-क्रम में यह भी निर्णय लिया गया कि विश्व के सभी धर्मों के प्रतिनिधियों को बुलाकर एक 'विश्व धर्म-सम्मेलन' का भी आयोजन किया जाए। इस 'विश्व धर्म-सम्मेलन' के लिए श्री जॉन हेनरी बैरोज को आयोजन समिति का अध्यक्ष बनाया गया।

इधर भारत के लिए सन् 1893 का वर्ष एक साथ कई शुभ संकेत लेकर आया। इधर 30 वर्ष की अवस्था में स्वामी विवेकानंद शिकागो जा रहे थे तो उधर 21 वर्ष की अवस्था में श्री अरविंद घोष 15 वर्ष इंग्लैंड में रहने के बाद भारत आ रहे थे। इसी वर्ष 1893 में मोहनदास करमचंद गांधी एक मुकदमे के सिलसिले में दक्षिण अफ्रीका जा रहे थे तो इसी वर्ष इंग्लैंड की एक महिला श्रीमती एनी बेसेंट भारत आ रही थीं, जो थियोसॉफिकल सोसाइटी की अध्यक्षा बनीं। इसी वर्ष लोकमान्य तिलक ने महाराष्ट्र में गणपति उत्सव का शुभारंभ किया, जो धार्मिक एकता का सबल सूत्र बन गया।

इस शिकागो-प्रदर्शनी के लिए मिशीगन झील के किनारे करीब 1050 एकड़ भूमि का उपयोग किया गया। यह प्रदर्शनी 179 दिनों तक चली। सारी दुनिया से इस प्रदर्शनी को देखनेवालों की कुल संख्या करीब दो करोड़ पचहत्तर लाख थी। इस विराट् प्रदर्शनी के बीच में 'विश्व धर्म सम्मेलन' 11 सितंबर, 1893 से 27 सितंबर, 1893 तक यानी कुल सत्रह दिनों तक चला था।

इस शिकागो-प्रदर्शनी के लिए मिशीगन झील के किनारे करीब 1050 एकड़ भूमि का उपयोग किया गया। यह प्रदर्शनी 179 दिनों तक चली। सारी दुनिया से इस प्रदर्शनी को देखनेवालों की कुल संख्या करीब दो करोड़ पचहत्तर लाख थी। इस विराट् प्रदर्शनी के बीच में 'विश्व

धर्म-सम्मेलन' 11 सितंबर, 1893 से 27 सितंबर, 1893 तक यानी कुल सत्रह दिनों तक चला था।

स्वामी विवेकानंद इसी 'विश्व धर्म-सम्मेलन' में भाग लेने जा रहे थे। बंबई से कोलंबो, श्रीलंका की राजधानी, फिर सिंगापुर होते हुए हांगकांग पहुँचे। जहाँ जहाज तीन दिन तक ठहरा। जापान में जहाज बदला गया और याकोहामा से जहाज प्रशांत महासागर पार करके बैंकूवर बंदरगाह पर आ गया। इस जहाज पर याकोहामा से स्वामी विवेकानंद के साथ प्रख्यात उद्योगपति जमशेदजी नुसरवानजी टाटा भी विश्व मेला देखने जा रहे थे। दोनों में देश की दुरवस्था के बारे में काफी विचार-विमर्श हुआ और जमशेदजी द्वारा स्टील प्लांट लगाने के सुझाव को स्वामीजी ने अपना आशीर्वाद भी दिया।

बाद में सन् 1898 में जमशेदजी ने स्वामी विवेकानंद को एक पत्र लिखकर अपना आभार भी प्रकट किया और अपनी योजना को मूर्तरूप देने का संकल्प भी। आखिर सन् 1907 में टाटा स्टील का निर्माण पूरा हुआ, मगर तब तक स्वामीजी इसे देखने के लिए नहीं रहे। आज भी जमशेदजी टाटा का वह पत्र टाटा स्टील के पास सुरक्षित है।

बाद में सन् 1898 में जमशेदजी ने स्वामी विवेकानंद को एक पत्र लिखकर अपना आभार भी प्रकट किया और अपनी योजना को मूर्तरूप देने का संकल्प भी। आखिर सन् 1907 में टाटा स्टील का निर्माण पूरा हुआ, मगर तब तक स्वामीजी इसे देखने के लिए नहीं रहे। आज भी जमशेदजी टाटा का वह पत्र टाटा स्टील के पास सुरक्षित है।

स्वामी विवेकानंद 25 जुलाई, 1893 को अमेरिका के बैंकूवर बंदरगाह पर पहुँचे। यहाँ पर रज्जु मार्ग से घाटियों और पर्वत-श्रृंखलाओं की अद्भुत छटा का निरीक्षण कर आनंदित हो उठे। यहीं पर उनकी

मुलाकात कुमारी केट सेनबोर्न से हुई, जिन्होंने बाद में बोस्टन में उनकी काफी सहायता की। बैंकूवर से शिकागो की यात्रा रेलमार्ग से करीब 2,000 मील दूरी तय करते हुए पूरी की गई। विश्व मेले का आयोजन 1 मई, 1893 से ही चल रहा था। स्वामीजी 30 जुलाई, 1893 को शिकागो पहुँच गए थे। स्वामीजी एक होटल में ठहरे और दूसरे दिन विश्वविख्यात प्रदर्शनी भी देखने गए।

यहीं पर उन्हें मालूम हुआ कि विश्व धर्म-सम्मेलन 11 सितंबर, 1893 से शुरू होनेवाला है। इसके साथ ही यह भी पता चला कि किसी धर्म के प्रतिनिधि के रूप में नामांकन कराने के लिए आवेदन की तिथि भी समाप्त हो गई है। यह सब सुनकर स्वामीजी थोड़ा चिंतित हो उठे। इसी समय उन्हें केट सेनबोर्न की भी याद आई और यह भी पता चला कि शिकागो से बोस्टन सस्ती जगह है। स्वामीजी शिकागो से ट्रेन द्वारा बोस्टन के लिए रवाना हो गए। उनकी वेशभूषा देखकर कई लोग उपहास भी करने लगे।

यहीं पर उन्हें मालूम हुआ कि विश्व धर्म सम्मेलन 11 सितंबर, 1893 से शुरू होनेवाला है। इसके साथ ही यह भी पता चला कि किसी धर्म के प्रतिनिधि के रूप में नामांकन कराने के लिए आवेदन की तिथि भी समाप्त हो गई है। यह सब सुनकर स्वामीजी थोड़ा चिंतित हो उठे। इसी समय उन्हें केट सेनबोर्न की भी याद आई और यह भी पता चला कि शिकागो से बोस्टन सस्ती जगह है।

कई यात्री अंग्रेजी में उनके विरुद्ध अपशब्द बोलने लगे। तभी अचानक स्वामीजी ने उनसे अंग्रेजी में कहा—"सज्जनो! आपके देश में नाई और दरजी ही आपको जेंटलमैन बनाते हैं—मेरे देश में यह चरित्र है, जो एक आदमी को सज्जन बनाता है।" स्वामी विवेकानंद की इस वाणी को सुनकर उपहास करनेवाले सन्न रह गए।

स्वामीजी बोस्टन पहुँच गए। केट्स ने स्वामीजी का भरपूर स्वागत किया। अपने परिचित अनेक विद्वान् व्यक्तियों को उसने स्वामीजी से मिलने के लिए बुलाया। इसी क्रम में स्वामीजी के बारे में जानकर हार्वर्ड यूनिवर्सिटी के प्रो. राइट स्वामीजी से मिलने कुमारी सेनबोर्न के यहाँ गए। मगर वहाँ मुलाकात न हो सकी। उन्होंने स्वामीजी को अपने यहाँ आने के लिए आमंत्रण का एक पत्र वहाँ छोड़ दिया। स्वामीजी प्रो. राइट से मिलने उनके आवास पर गए। दोनों में जब वार्त्ता होने लगी तो समय थम गया।

स्वामीजी बोस्टन पहुँच गए। केट्स ने स्वामीजी का भरपूर स्वागत किया। अपने परिचित अनेक विद्वान् व्यक्तियों को उसने स्वामीजी से मिलने के लिए बुलाया। इसी क्रम में स्वामीजी के बारे में जानकर हार्वर्ड यूनिवर्सिटी के प्रो. राइट स्वामीजी से मिलने कुमारी सेनबोर्न के यहाँ गए। मगर वहाँ मुलाकात न हो सकी।

प्रो. राइट स्वामी विवेकानंदजी से इतने प्रभावित हुए कि 'विश्व धर्म-सम्मेलन' में भाग लेने के लिए परिचय-पत्र नहीं रहने के बारे में सुनकर वे बोले—"क्या सूर्य को भी चमकने के लिए किसी से अधिकार माँगना पड़ता है?" इसके बाद उन्होंने धर्म-सम्मेलन के अध्यक्ष के नाम एक पत्र दिया, जिसमें लिखा था—"मेरा विश्वास है कि ये जो हिंदू संन्यासी हैं, हमारे सभी विद्वानों को एकत्र करने पर जो कुछ हो सकता है, उससे भी अधिक विद्वान् हैं।"

प्रो. राइट ने स्वामी विवेकानंदजी के लिए शिकागो तक का रेल-टिकट भी उपलब्ध करा दिया। स्वामी विवेकानंद शिकागो आ गए, मगर डॉ. बैरोज का पता खोजना इतना आसान नहीं था। वे काफी थक गए थे। अत्यंत निराश होकर रेलवे गोदाम के एक पैकिंग डिब्बे में रात बिताई। प्रात: वे सड़क के किनारे एक पेड़ का सहारा लेकर बैठ गए। परमात्मा की कृपा से सामने

से एक भव्य मकान का दरवाजा खुला। एक संभ्रांत महिला श्रीमती हेल ने आपके पास आकर पूछा, "क्या आप 'विश्व धर्म-सम्मेलन' में भाग लेने आए हैं?" स्वामीजी की समस्या जानकर वह उन्हें अपने घर ले गई।

श्रीमती हेल स्वामीजी को लेकर धर्म-सम्मेलन के कार्यालय में गई। शीघ्र ही वहाँ 'विश्व धर्म-सम्मेलन' के एक प्रतिनिधि के रूप में स्वामीजी की सारी व्यवस्था हो गई।

वहाँ की व्यवस्था के अनुसार स्वामीजी को श्री लियोन के आवास पर ठहराया गया। यह स्थान सम्मेलन-स्थल के काफी नजदीक था। अब वह समय बिल्कुल निकट आ रहा था, जिसके लिए सारा विश्व बेसब्री से प्रतीक्षा कर रहा था। स्वामीजी भी अब बिल्कुल निश्चिंत हो गए थे।

वहाँ की व्यवस्था के अनुसार स्वामीजी को श्री लियोन के आवास पर ठहराया गया। यह स्थान सम्मेलन-स्थल के काफी नजदीक था। अब वह समय बिल्कुल निकट आ रहा था, जिसके लिए सारा विश्व बेसब्री से प्रतीक्षा कर रहा था। स्वामीजी भी अब बिल्कुल निश्चिंत हो गए थे।

11 सितंबर, 1893 को शिकागो के कला संस्थान के कोलंबस सभागार में 'विश्व धर्म-सम्मेलन' ठीक 10 बजे दिन में विश्व के दस धर्मों—जुडाइज्म, इसलाम, बौद्ध, हिंदू, ताओ, कंफ्यूशियस, शिंतो, जरथुस्त्र, कैथोलिक तथा प्योरिटन के प्रतिनिधियों के बीच कार्डिनल गिबंस के उद्घाटन से प्रारंभ हुआ और इन सभी धर्मों के सम्मान में दस घंटियाँ बजाई गईं।

सात हजार दर्शक इस सम्मेलन में उपस्थित थे और मंच पर विभिन्न धर्मों के प्रतिनिधि विद्यमान थे। सम्मेलन का प्रारंभ धार्मिक प्रार्थना और प्रथम सत्र में धर्म-सम्मेलन के अध्यक्ष डॉ. बैरोज के सारगर्भित भाषण से हुआ, जिसमें उन्होंने भारत के बारे में 'धर्मों की

जननी भारत' कहकर वातावरण को पवित्र कर दिया।

प्रथम सत्र के भाषण में कार्डिनल गिबंस की प्रार्थना के बाद अमेरिका के श्री बोने और श्री बैरोज के भाषण के साथ कुल आठ भाषण हुए। इसके बाद विदेश से आए प्रतिनिधियों के कुल सत्रह भाषण हुए। इस तरह पच्चीस भाषणों के बीच स्वामीजी का इक्कीसवाँ भाषण था। मगर इस भाषण से सारा वातावरण बदल गया।

> ***"मुझको ऐसे धर्मावलंबी होने का गौरव है, जिसने संसार को सहिष्णुता तथा सब धर्मों को मान्यता प्रदान करने की शिक्षा दी है। ऐसे धर्म में जन्म लेने का मुझे अभिमान है, जिसने पारसी जाति की रक्षा की और उसका पालन अब तक कर रहा है।"***

व्याख्यान

स्वामी विवेकानंदजी ने जैसे ही संबोधित किया—'मेरे अमेरिकी बहनो और भाइयो!' बस विद्युत् की भाँति एक अज्ञात प्रभाव से सभी श्रोता खड़े होकर करतल ध्वनि करने लगे। स्वामीजी की वाणी उस दिन अमृत का तेज बरसा रही थी। उनके शब्द थे—"मुझको ऐसे धर्मावलंबी होने का गौरव है, जिसने संसार को सहिष्णुता तथा सब धर्मों को मान्यता प्रदान करने की शिक्षा दी है। ऐसे धर्म में जन्म लेने का मुझे अभिमान है, जिसने पारसी जाति की रक्षा की और उसका पालन अब तक कर रहा है।"

अभी तक जो व्यक्ति अमेरिका की सड़कों पर अनजान बना घूम रहा था, आज अपने प्रथम भाषण से ही अमेरिका में प्रसिद्धि के शिखर पर पहुँच चुका था। सारे समाचार-पत्र स्वामीजी का गुणगान कर रहे थे। श्रोतागण उन्हें सुनने के लिए अब प्रतीक्षा करने लगे थे। 11 सितंबर, 1893 का दिन भारत के लिए एक स्वर्णिम आभा से युक्त गौरव का दिन बन गया था। रामकृष्ण देवजी की कृपा विवेकानंद की वाणी में गूँज रही थी। उस दिन स्वामी विवेकानंद की वाणी से भारतमाता भी गौरवान्वित हुई थी।

श्रीमती पामर के भोज में 14 सितंबर को स्वामी विवेकानंद का भाषण 'नारियों की स्थिति' के विषय पर हुआ। इस अवसर पर बोलते हुए उन्होंने कहा—"हिंदू नारी अत्यंत आध्यात्मिक होती है। यदि हम उसके इन गुणों की रक्षा कर सकें तथा साथ-ही-साथ उसका बौद्धिक विकास कर सकें तो आनेवाले युग की हिंदू महिला विश्व की आदर्श नारी होगी।" इस कथन में भारत की नारी के बारे में स्वामीजी का कितना उदात्त विचार था, यह स्पष्ट हो जाता है।

15 सितंबर, 1893 को डॉ. बैरोज के आग्रह पर स्वामीजी ने वातावरण को सहज बनाने के लिए अपना हृदयस्पर्शी भाषण दिया। कुएँ के मेढक और समुद्र के मेढक की कथा सुनाते हुए उन्होंने कहा—"मेरा कुआँ ही सारा जगत् है, ऐसा सोचनेवाला संकीर्णता से ग्रस्त है। उस संकीर्णता को तोड़ने का प्रयास इस सम्मेलन में किया गया है।" इतना सुनते ही सभागार करतल ध्वनि से गूँज उठा।

15 सितंबर, 1893 को डॉ. बैरोज के आग्रह पर स्वामीजी ने वातावरण को सहज बनाने के लिए अपना हृदयस्पर्शी भाषण दिया। कुएँ के मेढक और समुद्र के मेढक की कथा सुनाते हुए उन्होंने कहा—"मेरा कुआँ ही सारा जगत् है, ऐसा सोचनेवाला संकीर्णता से ग्रस्त है। उस संकीर्णता को तोड़ने का प्रयास इस सम्मेलन में किया गया है।" इतना सुनते ही सभागार करतल ध्वनि से गूँज उठा।

19 सितंबर, 1893 को स्वामीजी का हिंदू धर्म पर विस्तृत भाषण हुआ। आज उन्होंने अपना लिखित भाषण प्रस्तुत किया, जिसे सुनकर श्रोता आश्चर्यचकित हो गए। स्वामीजी के इस लिखित भाषण में हिंदू धर्म का समस्त सार-तत्त्व मुखरित हो उठा था। मूर्तिपूजा की सार्थकता से लेकर अद्वैत ब्रह्म की अनुभूति की यात्रा तक का सारा दार्शनिक

विवेचन उनकी वाणी में प्रस्फुटित हो रहा था। यह भाषण काफी लंबा था, फिर भी दर्शकगण मंत्रमुग्ध होकर सुन रहे थे।

24 सितंबर, 1893 को स्वामीजी को थर्ड यूनिटेरियन चर्च में प्रवचन के लिए आमंत्रित किया गया। स्वामीजी ने इस प्रवचन में कहा कि समस्त प्राणी ही ईश्वर की कृति हैं। अतः एक ही पिता की संतान होने के कारण सबमें भाईचारा स्थापित होना चाहिए। स्वामी विवेकानंदजी की इस दिव्यवाणी से ईसाई भी काफी प्रभावित हुए। यह बात दूसरी है कि कुछ ईर्ष्यालु ईसाई बंधु स्वामीजी के बारे में दुष्प्रचार करने में भी लगे थे। मगर सूर्य कभी बादलों से ढका नहीं रह जाता, वह तो स्वतः चमकने लगता है।

24 सितंबर, 1893 को स्वामीजी को थर्ड यूनिटेरियन चर्च में प्रवचन के लिए आमंत्रित किया गया। स्वामीजी ने इस प्रवचन में कहा कि समस्त प्राणी ही ईश्वर की कृति हैं। अतः एक ही पिता की संतान होने के कारण सबमें भाईचारा स्थापित होना चाहिए। स्वामी विवेकानंदजी की इस दिव्यवाणी से ईसाई भी काफी प्रभावित हुए। यह बात दूसरी है कि कुछ ईर्ष्यालु ईसाई बंधु स्वामीजी के बारे में दुष्प्रचार करने में भी लगे थे।

26 सितंबर, 1893 को बौद्ध धर्म के प्रतिनिधि श्री धर्मपाल के आग्रह पर हिंदू धर्म और बौद्ध धर्म के संबंध पर स्वामी विवेकानंदजी ने संक्षेप में मगर गहराई से प्रकाश डाला। स्वामीजी ने कहा—“ईसा मसीह यहूदी संतान थे और शाक्य मुनि—बुद्ध, हिंदू। पर भेद यह है कि जहाँ यहूदियों ने ईसा को केवल त्याग ही नहीं दिया, बल्कि उन्हें सूली पर भी चढ़ा दिया, वहीं हिंदुओं ने बुद्ध को अवतार के रूप में ग्रहण किया और उनकी पूजा भी करते हैं।”

स्वामीजी ने अंत में कहा—“वह दिन दूर नहीं है, जब प्रत्येक

धर्म की पताका पर यह स्वर्णाक्षरों में लिखा रहेगा—'सहयोग, न कि विरोध', 'पर-भाव ग्रहण, न कि पर-भाव विनाश', 'समन्वय और शांति, न कि मतभेद और कलह'।' स्वामीजी के इस भाषण से सारे श्रोतागण सम्मोहित-से हो गए।

27 सितंबर, 1893 को 'विश्व धर्म-सम्मेलन' के समापन का दिन था। स्वामी विवेकानंद ने अपने समापन प्रवचन, समापन सत्र का नौवाँ प्रवचन, में इस आयोजन के लिए सबको धन्यवाद दिया। स्वामीजी ने कहा—"कहीं-कहीं सम्मेलन के भीतर विरोधी स्वर भी सुना गया है। मेरा उन लोगों के प्रति विशेष धन्यवाद, क्योंकि उनके इस विरोधी स्वर से संगीत और मधुर हो गया है।" स्वामीजी ने इस बात को फिर दोहराया कि सहयोग करो, संघर्ष मत करो। विनाश नहीं, शांति।

"कहीं-कहीं सम्मेलन के भीतर विरोधी स्वर भी सुना गया है। मेरा उन लोगों के प्रति विशेष धन्यवाद, क्योंकि उनके इस विरोधी स्वर से संगीत और मधुर हो गया है।" स्वामीजी ने इस बात को फिर दोहराया कि सहयोग करो, संघर्ष मत करो। विनाश नहीं, शांति।

अंत में संपूर्ण कोलंबस 'विश्व मेला' के अध्यक्ष बोने के भाषण से समोराह का समापन हुआ। अध्यक्ष बोने ने कहा कि विश्व मेले का धर्म-सम्मेलन बीस विभागों में से केवल एक विभाग है। उन्होंने भावुक होकर कहा—"विश्व के धर्म अब आपस में युद्ध नहीं करेंगे, बल्कि मानव के दुर्गुणों से युद्ध करेंगे।" अंत में डॉ. इमील हर्ष ने प्रार्थना गाई और बिशप कीन के आशीर्वाद के साथ धर्म-सम्मेलन के समापन की घोषणा की गई।

इस 'विश्व धर्म-सम्मेलन' में स्वामी विवेकानंद के प्रवचन के बारे में 'डेली हेराल्ड' ने लिखा—"स्वामी विवेकानंद को सम्मेलन के अंत तक रोककर रखा जाता था, ताकि उनका भाषण सुनने के लिए लोग सत्र के शेष तक प्रतीक्षा करें। इसी तरह लुइसवर्क ने भी अपनी पुस्तक

'विवेकानंद इन द वेस्ट' में लिखा है—"कोलंबस सभागार में हँसती हुई भीड़ बैठी रहती थी। एक-दो घंटे अन्य भाषणों को बिना मन से सुनती रहती थी कि उसके बाद होनेवाले स्वामी विवेकानंदजी का पंद्रह मिनट का भाषण सुन सके।" स्वामी विवेकानंद इस सम्मेलन के सर्वाधिक लोकप्रिय वक्ता थे।

'विश्व धर्म-सम्मेलन' में स्वामी विवेकानंदजी की ख्याति इतनी बढ़ी कि अमेरिका के विभिन्न भागों से आमंत्रण आने लगे। स्वामीजी करीब दो वर्षों तक अमेरिका के विभिन्न भागों में प्रवचन करते हुए हिंदू धर्म की कीर्ति-पताका फहराते रहे। अब उनकी यशोगाथा इंग्लैंड भी पहुँच गई। फरवरी 1895 में न्यूयॉर्क में उनका 'राजयोग और ज्ञानयोग' पर यादगार भाषण हुआ।

'विश्व धर्म सम्मेलन' में स्वामी विवेकानंदजी की ख्याति इतनी बढ़ी कि अमेरिका के विभिन्न भागों से आमंत्रण आने लगे। स्वामीजी करीब दो वर्षों तक अमेरिका के विभिन्न भागों में प्रवचन करते हुए हिंदू धर्म की कीर्ति-पताका फहराते रहे। अब उनकी यशोगाथा इंग्लैंड भी पहुँच गई। फरवरी 1895 में न्यूयॉर्क में उनका 'राजयोग और ज्ञानयोग' पर यादगार भाषण हुआ।

इसके बाद इंग्लैंड के विद्वत् समाज के आग्रह पर स्वामी विवेकानंद अगस्त 1895 में पेरिस (फ्रांस) होते हुए इंग्लैंड आ गए। इंग्लैंड में स्वामीजी को अमेरिका से भी अधिक सम्मान मिला। वहाँ के लोग स्वामीजी को 'साइक्लोन हिंदू', यानी 'आँधी पैदा करनेवाला हिंदू' कहकर पुकारने लगे। इस तरह स्वामीजी ने इंग्लैंड में भी विभिन्न स्थानों पर धुआँधार प्रवचन किया।

वे फिर अमेरिका आए और कुछ दिनों तक प्रचार करने के बाद एक बार पुनः इंग्लैंड आ गए। स्वामीजी ने 28 मई, 1896 को विश्वविख्यात ऑक्सफोर्ड के प्रो. मैक्समूलर से भेंट की। जब स्वामीजी वहाँ से स्टेशन

पर जाने के लिए गाड़ी की प्रतीक्षा कर रहे थे तो उस समय कई प्रबुद्ध प्रो. स्वामीजी को विदा करने आए थे। उनमें प्रो. मैक्समूलर भी थे। स्वामीजी ने श्रद्धाभाव से पूछा—"मुझे विदा देने के लिए इतना कष्ट सहन करके आपको आने की क्या आवश्यकता थी?" इस पर प्रो. मैक्समूलर ने भावुक होकर कहा—"श्री रामकृष्ण के योग्यतम शिष्य के दर्शन का सौभाग्य प्रतिदिन प्राप्त नहीं होता।"

स्वामी विवेकानंद को ब्रिटिश-भ्रमण करते हुए तीन वर्ष से अधिक हो चुके थे। स्वामीजी 16 दिसंबर, 1896 को लंदन से रवाना होकर इटली पहुँचे। फिर 30 दिसंबर, 1896 को नेपल्स से उनका जहाज छूटा और 15 जनवरी, 1897 को कोलंबो पहुँचा। स्वामीजी का सिंहल में भव्य स्वागत हुआ और करीब दस दिनों तक उनके स्वागत में कार्यक्रम आयोजित होते रहे। उन्होंने कांडी और जाफना का भी भ्रमण किया।

स्वामी विवेकानंद को ब्रिटिश-भ्रमण करते हुए तीन वर्ष से अधिक हो चुके थे। स्वामीजी 16 दिसंबर, 1896 को लंदन से रवाना होकर इटली पहुँचे। फिर 30 दिसंबर, 1896 को नेपल्स से उनका जहाज छूटा और 15 जनवरी, 1897 को कोलंबो पहुँचा।

इधर भारत की जनता स्वामी विवेकानंद का आगमन सुनकर हर्ष से विह्वल होकर उनकी प्रतीक्षा कर रही थी। स्वामीजी 6 फरवरी, 1897 को ट्रेन द्वारा मद्रास पहुँचे। स्टेशन पर माननीय न्यायमूर्ति सुब्रमण्यम अय्यर के नेतृत्व में सहस्रों लोग स्वागत के लिए एकत्र थे। सारा शहर तोरणद्वार से सजाया गया था। देश की करीब बीस भाषाओं में अभिनंदन-पत्र पढ़ा गया, जिसमें खेतड़ी के महाराजा द्वारा भेजा गया अभिनंदन-पत्र भी शामिल था। मद्रास में स्वामीजी का नौ दिनों तक कार्यक्रम चलता रहा और अनेक विषयों पर सारगर्भित भाषण देकर स्वामीजी ने वहाँ के लोगों में हिंदू धर्म के प्रति एक नया विश्वास जगाया। स्वामीजी 20 फरवरी, 1897 को कलकत्ता पधारे।

कलकत्ता में स्वामी विवेकानंदजी का अभूतपूर्व स्वागत हुआ। जगह-जगह स्वामीजी के प्रवचन आयोजित किए गए। 1 मई, 1897 को स्वामीजी और उनके भक्त-प्रेमियों द्वारा 'रामकृष्ण मिशन' की स्थापना की गई। इस मिशन के माध्यम से नर-नारायण की सेवा को सर्वाधिक महत्त्व दिया जाने लगा। स्वामीजी फिर एक बार देश-भ्रमण पर निकल पड़े। विशेष रूप से उत्तर भारत का भ्रमण कर खेतड़ी के महाराजा का स्वागत स्वीकार कर जनवरी 1898 में कलकत्ता लौट आए। इसी समय भागीरथी के पश्चिमी तट पर बेलूर ग्राम में एक मठ का निर्माण करने का निर्णय किया गया, जो बाद में 'बेलूर मठ' के नाम से प्रसिद्ध हुआ। स्वामी विवेकानंदजी के कई विदेशी शिष्य भी कलकत्ता आ गए थे। इनमें मागरिट नोबल—भगिनी निवेदिता, और सेनियर दंपती ऐसे जीवनदानी शिष्य बन गए, जिन्होंने स्वामीजी के सिद्धांत के प्रचार के लिए अपना सर्वस्व अर्पित कर दिया।

कलकत्ता में स्वामी विवेकानंदजी का अभूतपूर्व स्वागत हुआ। जगह-जगह स्वामीजी के प्रवचन आयोजित किए गए। 1 मई, 1897 को स्वामीजी और उनके भक्त-प्रेमियों द्वारा 'रामकृष्ण मिशन' की स्थापना की गई। इस मिशन के माध्यम से नर-नारायण की सेवा को सर्वाधिक महत्त्व दिया जाने लगा।

इस प्रचार-कार्य में अत्यधिक भाग-दौड़ करने से स्वामीजी का स्वास्थ्य गिरता जा रहा था। विदेशों से बार-बार आमंत्रण आ रहे थे। स्वामीजी एक बार फिर स्वामी तुरीयानंद और भगिनी निवेदिता के साथ 20 जून, 1899 को लंदन के लिए रवाना हो गए। लंदन पहुँचने के बाद वहाँ से फिर न्यूयॉर्क चले गए। अमेरिका के विभिन्न स्थानों पर भाषण करते हुए करीब एक वर्ष वहाँ रहे और फिर कई देशों का भ्रमण करते हुए भारत आ गए। इस अवधि में इंग्लैंड और अमेरिका सहित कई देशों में स्वामी विवेकानंदजी का भव्य स्वागत हुआ।

9 दिसंबर, 1900 को स्वामीजी बेलूर मठ आ गए। फिर हिमालय पर स्थापित आश्रम 'मायावती' को देखने के लिए चले गए। स्वास्थ्य फिर खराब हो गया था। मगर देशाटन करते हुए हिंदू धर्म के शुद्ध तत्त्वज्ञान को जन-जन तक पहुँचाने की उनकी इच्छा तीव्र होती जा रही थी। स्वामीजी को रामकृष्ण देव के कहे हुए शब्द याद आने लगे थे—"जिस दिन वह अपना स्वरूप जान जाएगा, तब अपना शरीर नहीं रखेगा।" अचानक एक दिन उन्होंने अपने गुरुभाई से कहा—"मैं कौन हूँ? यह जान गया हूँ। श्री रामकृष्ण देव ने मेरी चाबी मुझे वापस दे दी है।"

> ***9 दिसंबर, 1900 को स्वामीजी बेलूर मठ आ गए। फिर हिमालय पर स्थापित आश्रम 'मायावती' को देखने के लिए चले गए। स्वास्थ्य फिर खराब हो गया था। मगर देशाटन करते हुए हिंदू धर्म के शुद्ध तत्त्वज्ञान को जन-जन तक पहुँचाने की उनकी इच्छा तीव्र होती जा रही थी।***

4 जुलाई, 1902 को प्रात:काल से ही स्वामी विवेकानंदजी भावावेश में थे। वे धीरे-धीरे गुनगुना रहे थे—'मन, चल निज निकेतन!' अचानक अपने आप कह रहे थे—"है कोई, जो समय की चुनौती स्वीकार कर इन ऋषि-संतानों को पतन की ओर जाने से रोक सके।" फिर वे स्वयं कहने लगे—"यदि इस समय कोई दूसरा विवेकानंद होता तो वह समझ सकता था कि विवेकानंद ने क्या किया है? मगर समय पर अनेक विवेकानंद जन्म ग्रहण करेंगे।" बगल में चल रहे स्वामी प्रेमानंद यह सुनकर चौंक पड़े थे।

महाप्रस्थान

संध्या-समय स्वामीजी अपने दोमंजिले आश्रम के कमरे में आ गए। सभी खिड़कियों और दरवाजों को खोलने का आदेश दिया। फिर स्वयं खिड़की के पास जाकर दक्षिणेश्वर की ओर दृष्टिपात किया। काफी देर

तक एक-एक चीज निहारते रहे। फिर पद्मासन की मुद्रा में ध्यानमग्न हो गए। साथ में रहनेवाले ब्रह्मचारी को कमरे के बाहर बैठकर जाप करने का निर्देश दिया। अब वे महाप्रस्थान की तैयारी कर रहे थे। रात्रि के नौ बज चुके थे। सप्तर्षि मंडल का वह तेजस्वी ऋषि अपने पूर्व के स्थान पर जा चुका था।

अब स्वामीजी का केवल पार्थिव शरीर रह गया था। विवेकानंद जहाँ से आए थे, वहीं चले गए थे। सारा देश स्तब्ध रह गया। माँ भुवनेश्वरी देवी भी इस घटना से मर्माहत थीं। ममतामयी माँ तो स्वामीजी के देहत्याग के बाद भी नौ वर्षों तक जीवित रहीं और उन्हें इस बात का गर्व था कि उन्होंने अपने प्रिय पुत्र को विश्वविख्यात स्वामी विवेकानंद बनते हुए देखा था। 25 जनवरी, 1911 को इस महिमामयी माता का निधन हुआ।

अब स्वामीजी का केवल पार्थिव शरीर रह गया था। विवेकानंद जहाँ से आए थे, वहीं चले गए थे। सारा देश स्तब्ध रह गया। माँ भुवनेश्वरी देवी भी इस घटना से मर्माहत थीं। ममतामयी माँ तो स्वामीजी के देहत्याग के बाद भी नौ वर्षों तक जीवित रहीं और उन्हें इस बात का गर्व था कि उन्होंने अपने प्रिय पुत्र को विश्वविख्यात स्वामी विवेकानंद बनते हुए देखा था।

स्वामी विवेकानंद नहीं रहे, मगर उनकी वाणी अभी भी भारतवासियों को कुछ संदेश देती हुई कहती है—"यह प्राचीन मातृभूमि एक बार फिर जाग गई है और अपने सिंहासन पर आसीन है—पहले से कहीं अधिक गौरव एवं वैभव से प्रदीप्त। शांत और मंगलमय स्वर में उसकी पुनर्प्रतिष्ठा की घोषणा समस्त विश्व में करो!" क्या हम यह आवाज सुन रहे हैं?

स्वामी विवेकानंदजी ने कहा था—"हमें चाहिए प्रज्ञावान, वीर और तेजस्वी युवक, जो मृत्यु से आलिंगन करने का, समुद्र को लाँघ जाने का

साहस रखते हों। सिंह के पौरुष से युक्त, परमात्मा के प्रति अटूट निष्ठा से संपन्न और पावित्रय की भावना से उद्दीप्त सहस्रों नर-नारी, दरिद्रों एवं उपेक्षितों के प्रति हार्दिक सहानुभूति लेकर देश के एक कोने से दूसरे कोने तक भ्रमण करते हुए मुक्ति का, सामाजिक पुनरुत्थान का, सहयोग और समता का संदेश देंगे।"

क्या हम उनकी इस आवाज को भी सुन रहे हैं? कितनी विलक्षण व्याख्या उन्होंने धर्म के बारे में की और कहा—"धर्म मनुष्य के भीतर निहित देवत्व का विकास है। धर्म अंधविश्वास नहीं है, धर्म अलौकिकता नहीं है, वह जीवन का अत्यंत स्वाभाविक तत्त्व है।" क्या हम उनकी इस व्याख्या के अनुरूप धार्मिक आचरण कर रहे हैं?

क्या हम उनकी इस आवाज को भी सुन रहे हैं? कितनी विलक्षण व्याख्या उन्होंने धर्म के बारे में की और कहा—"धर्म मनुष्य के भीतर निहित देवत्व का विकास है। धर्म अंधविश्वास नहीं है, धर्म अलौकिकता नहीं है, वह जीवन का अत्यंत स्वाभाविक तत्त्व है।" क्या हम उनकी इस व्याख्या के अनुरूप धार्मिक आचरण कर रहे हैं?

शिकागो में स्वामी विवेकानंदजी का भाषण सुनने के बाद 'न्यूयॉर्क टाइम्स' ने लिखा था—"धर्मों की पार्लियामेंट में सबसे महान् व्यक्ति स्वामी विवेकानंद हैं। उनका भाषण सुन लेने पर अनायास यह प्रश्न उठ खड़ा होता है कि ऐसे ज्ञानी देश को सुधारने के लिए धर्म-प्रचारक भेजने की बात कितनी बेवकूफी की बात है!" क्या यह पढ़कर हमें अपने धर्म पर गर्व होता है?

स्वामीजी भारतवासियों में धर्म के साथ-साथ प्रखर कर्मठता भी देखना चाहते थे। इसलिए वे कहा करते थे—"मैं भारत के लोगों में लोहे की मांसपेशियाँ और फौलाद की नाड़ी तथा धमनी देखना चाहता हूँ और

उसके भीतर तड़ित की ज्योति के समान उसकी बुद्धि चाहता हूँ।" क्या हम स्वामी विवेकानंद के सपनों को साकार करने के लिए समाज को इस प्रकार का स्वरूप ग्रहण करने के लिए जगा रहे हैं अथवा खुद जाग रहे हैं?

स्वामी विवेकानंद ने भारत की आध्यात्मिक, धार्मिक, सांस्कृतिक, राष्ट्रीय और राजनीतिक सोच को एक नई दृष्टि प्रदान की। उस समय के सुप्रसिद्ध राजनीतिक विचारक और भगवद्गीता के भाष्यकार लोकमान्य तिलक भी स्वामीजी के दर्शन करने बेलूर मठ आए थे। महर्षि अरविंद तो साधना में कई दिनों तक स्वामीजी के दर्शन करते रहे थे। सारे देश में स्वामीजी ने एक नई जागृति ला दी थी। सारा देश मानो उनके आह्वान से मोह-निद्रा से जागने लगा था। देशभक्ति की भावना हर नवयुवक में हिलोरें लेने लगी थी। स्वामीजी ने संदेश दिया—"'उत्तिष्ठत जाग्रत् प्राप्य वरान्निबोधत', यानी उठो, जागो और तब तक मत रुको, जब तक लक्ष्य प्राप्त न हो जाए।" मगर क्या हम ऐसा कर रहे हैं?

स्वामी विवेकानंद ने भारत की आध्यात्मिक, धार्मिक, सांस्कृतिक, राष्ट्रीय और राजनीतिक सोच को एक नई दृष्टि प्रदान की। उस समय के सुप्रसिद्ध राजनीतिक विचारक और भगवद्गीता के भाष्यकार लोकमान्य तिलक भी स्वामीजी के दर्शन करने बेलूर मठ आए थे। महर्षि अरविंद तो साधना में कई दिनों तक स्वामीजी के दर्शन करते रहे थे।

भारतवासियों की एकता के बारे में स्वामीजी अथर्ववेद संहिता की एक ऋचा को ध्यान में रखने के लिए सुनाया करते थे—

सं गच्छध्वं सं वदध्वं सं वो मनांसि जानताम्।
देवा भागं यथा पूर्वे संजानाना उपासते॥

"यानी तुम सब लोग एक मन के हो जाओ, एक विचार के हो

जाओ, क्योंकि प्राचीन काल में एक मन होने के कारण ही देवताओं ने हविर्भाग पाया। एक मन हो जाना ही समाज के गठन का रहस्य है।" इस तरह राष्ट्रीय एकता के सूत्र को मजबूत करने के लिए एक मन होने का जो स्वामीजी ने संदेश दिया—क्या हम उस संदेश के आलोक में चल रहे हैं?

स्वामी विवेकानंद विश्वविजेता बन गए। उन्होंने भारत को जो दिशा-बोध दिया, उसका अनुसरण कर हम भी महानता के मान-बिंदुओं को छू सकते हैं। भारत विश्वगुरु था और फिर विश्वगुरु बन सकता है—इसे स्वामीजी ने प्रमाणित कर दिया।

□□□

* 9 7 8 9 3 5 5 2 1 3 0 5 1 *
FCW - #0133 - 061026 - C0 - 216/140/9 - PB - 9789355213051 - Matt Lamination